So funktioniert das

Kauderwelsch-Prinzip

1. Die zusätzliche Wort-für-Wort-Übersetzung verdeutlicht die fremde Satzstruktur. Grüne Hinterlegungen zeigen Lücken zum Einsetzen von Wörtern bzw. Alternativen zum Auswählen an.

Fremdsprache	**Nua anflel jeu ... ?**
Lautschrift	*nu-a anflël jäu ...*
Wort-für-Wort	*wo finde ich ...*
Übersetzung	Wo finde ich ... ?

2. Dies erleichtert anschließend das Einfügen der gewünschten Wörter in die Sätze.

la plazza fiera	*la plaza fiera*	den Marktplatz
in'apoteca	*in'apoteka*	eine Apotheke
in miedi	*in miedi*	einen Arzt
in caffè	*in kafä*	ein Café
in restaurant	*in räschtaurant*	ein Restaurant
la staziun	*la schtaziun*	den Bahnhof
in taxi	*in taxi*	ein Taxi

***Unterstrichene Vokale zeigen die betonte Silbe an.**

Im Wörterbuch am Ende des Buches gibt es noch mehr Wörter, die man sinnvoll einsetzen kann.

Inhalt

Rätoromanisch lernen

Rätoromanisch sprechen

Wörterbuch

Auf einen Blick

Rätoromanisch

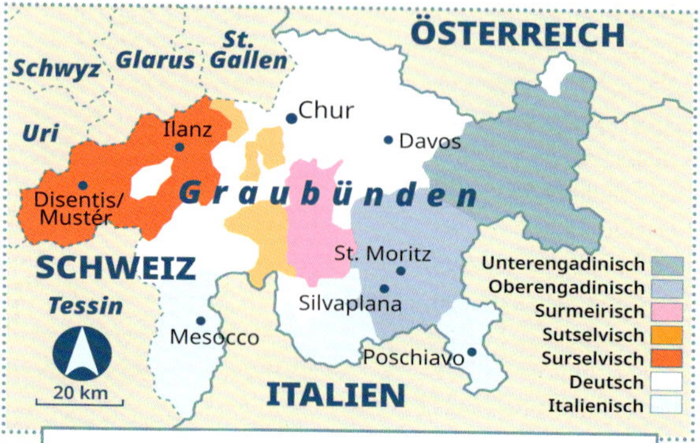

Rätoromanisch ist neben Französisch, Italienisch und Schweizerdeutsch die vierte Sprache der Schweiz. Sie gehört zu den romanischen Sprachen und teilt sich in vier Dialekte („Idiome"), von denen der wichtigste, das Surselvische, in diesem Buch vorgestellt wird.

1611

Jahr der Ersterwähnung des Sursilvan

1938

Aufnahme des Rätoromanischen in die Schweizer Verfassung

13.879

Personen sprechen Sursilvan als Erstsprache (laut Zensus vom Jahr 2000)

Vorwort

Rätoromanisch sprechen? Wenn Sie nach Graubünden fahren, können Sie sich dort in der Regel problemlos auf Deutsch verständigen. Wozu also Rätoromanisch sprechen? – Wenn Sie nicht nur die Natur genießen möchten, sondern auch Kontakt zu den Einheimischen haben möchten, dann können ein paar Brocken Rätoromanisch schon hilfreich sein, um die Menschen aus ihrer Verschlossenheit zu bekommen, die man den Schweizern gerne nachsagt. Die Sprache ist dabei der Schlüssel zum Herzen. Zudem vermittelt dieser Sprachführer auch einen gewissen Einblick ins Bündner Leben. Er ersetzt keinen Reiseführer, aber ergänzt einen solchen. Und vielleicht sind Sie neugierig, was die geografischen Bezeichnungen, wie etwa **Surcasti** oder **Piz Buin,** übersetzt bedeuten. Viele Deutsche und Deutschschweizer gehen heutzutage den Sommer über in Graubünden zur Alp, oft im rätoromanischen Sprachgebiet, und begegnen so dieser Sprache, auf die die Muttersprachler stolz sind. Auch bei der Post kann es Ihnen passieren, dass Sie mit **bien di** oder **buna sera** begrüßt werden. Wenn Sie sich schließlich mit **engraziel** bedanken, dann machen Sie Ihrem Gegenüber ganz bestimmt schon eine Freude. Und man wird Ihnen gern behilflich sein, wenn Sie sich bemühen, sich auf Rätoromanisch auszudrücken.

Gereon Janzing

Top 5

Typisch Rätoromanisch

№1 Ilanz

Die erste Stadt am Rhein: Ilanz (rätoroman. Glion) liegt am Vorderrhein und wirbt damit, „die erste Stadt am Rhein“ zu sein. In der Schweiz gibt es heute kein Stadtrecht mehr, aber Ilanz betont sein historisches Stadtrecht. In der Schweizer Statistik gelten Gemeinden mit mindestens 10.000 Einwohnern als Städte, wovon Ilanz nur die Hälfte hat.

№2 Alois Carigiet

Dieser Autor und Illustrator aus dem Bündner Oberland ist bekannt für sein Bilderbuch „Zottel, Zick und Zwerg“, in dem er sehr einfühlsam einen Tag im Leben eines Geißenhirten beschreibt. Illustriert hat er auch den berühmten „Schellen-Ursli“ von der Engadinerin Selina Chönz. Der Kinofilm von 2014/2015 mit dem Käsediebstahl, dem märchenhaft verklärten Wolf und anderen Effekthaschereien hat nur wenig Bezug zum liebevollen Buch.

№3 Peng

Dieser Nachname kommt nicht nur in China vor, sondern ist auch ein rätoromanischer Nachname in der Surselva. Wenn man berücksichtigt, dass das französische Wort für Brot, „pain“, in südfranzösischen Dialekten wie „peng“ ausgesprochen wird, passt der Name gut zur gleichnamigen Bäckerei in Vals.

№4 Bündner Nusstorte

Diese Torte dürfte die bekannteste Spezialität aus dem Kanton sein. Sie enthält eine Füllung aus karamellisiertem Zucker und Walnüssen (oder Baumnüssen, wie man in der Schweiz bevorzugt sagt, rätoromanisch: **nuschs**). Ihr Ursprung liegt im Engadin, aber auch aus den Bäckereien der Surselva ist sie heute kaum noch wegzudenken. Und der engadinromanische Name **tuorta da nuschs** entspricht genau dem surselvischen Namen.

№5 Strahler

Als Strahler bezeichnet man in der Schweiz Kristallsucher. Die etymologische Deutung dieses Wortes ist umstritten. In der Surselva begegnen einem manchmal Strahler. Und wer Glück hat, findet auch mal selber einen Bergkristall. Als Bergkristall bezeichnet man farblosen, kristallinen Quarz, also Siliziumdioxid.

Das Rätoromanische Graubündens

Wenn wir von Rätoromanisch sprechen, ist meistens das Rätoromanische Graubündens, das Bündnerromanische, gemeint. Und um dieses geht es in diesem Sprachführer. Falls Sie Französisch oder Italienisch können, werden Sie im Bündnerromanischen einiges Bekannte wiederfinden, so dass Ihnen die Sprache schon nach kurzer Zeit nicht mehr allzu fremd anmuten wird. In der Schweiz wird die Sprache üblicherweise einfach als „Romanisch" bezeichnet, im Bündnerromanischen als **romontsch** oder **rumantsch.** Früher wurde diese Sprache auch „Churwelsch" genannt, nach Chur, der Hauptstadt Graubündens. Da diese Sprache für die Mehrheit der Schweizer unverständlich war, wurde der Name volksetymologisch zu „Kauderwelsch" im Sinne einer unverständlichen Sprache. Das Bündnerromanische war also letzten Endes namensgebend für diese Buchreihe!

Im weiteren Sinn umfasst der Begriff „Rätoromanisch" auch das Ladinische der Dolomiten und das Friaulische im Nordosten Italiens. Diese beiden Sprachen sind die nächsten Verwandten des Bündnerromanischen. Ansonsten hat das Bündnerromanische enge Beziehungen zum Französischen und zum Italienischen. Daneben hat es durch jahrhundertelange Beeinflussung auch einige Beziehungen zum Deutschen.

Beim Satzbau und bei der Schreibung ist einiges deutsch beeinflusst und deshalb für uns Deutschsprachige leichter nachvollziehbar als für Französisch- oder Italienischsprecher. Zudem werden in der Umgangssprache viele deutsche Wörter verwendet. Einige deutsche Wörter sind auch in die Schriftsprache vorgedrungen. Viele deutsche Wörter, die Sie hören, werden Sie jedoch in einem bündnerromanischen Wörterbuch vergeblich suchen, aber ohnehin auf Anhieb verstehen. Seltenheitswert haben dagegen die Wörter, die die umgekehrte Richtung genommen haben:

Das deutsche Wort „Gletscher“ stammt vom gleichbedeutenden bündnerromanischen **glatscher,** abgeleitet von **glatsch** „Eis“.

Das Bundesamt für Statistik der Schweiz ermittelte im Jahr 2019 eine Sprecherzahl des Bündnerromanischen von rund 36.000. Etwa die Hälfte davon spricht Surselvisch. Entgegen verbreiteter Meinung ist die Sprache zwar im Rückgang begriffen, aber keineswegs am Aussterben, insbesondere nicht in der Surselva.

Die fünf Großdialekte werden im bündnerromanischen Kontext üblicherweise als „Idiome“ bezeichnet.

Gesprochen wird Bündnerromanisch nicht in ganz Graubünden. Der Norden ist deutschsprachig (großenteils alemannisch) und im Süden gibt es drei italienischsprachige Gebiete. Aber auch wenn Sie in einem anderen Teil Graubündens einen Ausländerausweis bekommen, wird er die Aufschrift **legitimaziun d'esters** haben (Surselvisch wäre das **legitimaziun d'jasters**).

Das Bündnerromanische besteht aus fünf großen Dialekten: dem Surselvischen **(sursilvan),** dem Sutselvischen **(sutsilvan),** dem Surmeirischen **(surmiran),** dem Unterengadinischen (**vallader,** betont: Valláder) und dem Oberengadinischen **(putér).** Jeder dieser Dialekte hat seine eigene Schriftsprache. Die beiden engadinischen Dialekte unterscheiden sich allerdings nur mäßig. Sie werden auch als „Ladinisch“ zusammengefasst, sollten aber nicht mit dem Ladinischen der Dolomiten verwechselt werden.

Neben diesen fünf Dialekten gibt es seit den 1980er Jahren eine übergeordnete Schriftsprache, das **rumantsch grischun,** das Amtssprache ist und somit in offiziellen Verlautbarungen verwendet wird. Dies wird allerdings nirgends wirklich gesprochen. Seine Einführung ist unter den Bündnerromanen umstritten.

Im vorliegenden Sprachführer wird nur das Surselvische behandelt. Wenn Sie dieses einigermaßen verstehen, werden Sie auch im geschriebenen **rumantsch grischun** vieles recht problemlos verstehen. Einen kurzen Überblick über die verschiedenen Dialekte finden Sie im Anhang, damit Sie eine Vorstellung davon bekommen, was Sie außerhalb der Surselva erwartet. Auch regionale Unterschiede innerhalb der Surselva werden dort angesprochen.

Die Romanische Liga oder **Lia Rumantscha** (surselvisch: **Ligia Romontscha**) in Chur bemüht sich um den Erhalt der rätoromanischen Sprache. Sie publiziert Bücher in Rätoromanisch und über Rätoromanisch.

Während viele Deutschschweizer es nicht mögen, wenn Deutsche versuchen, Schweizerdeutsch zu radebrechen, stehen die Rätoromanen Versuchen, ihre Sprache zu sprechen, mehrheitlich offen gegenüber. Und wenn Sie ein Wort nicht auf Rätoromanisch wissen, sagen Sie es einfach auf Deutsch. Das tun die Rätoromanisch-Muttersprachler auch, wenn sie über etwas sprechen, das in Graubünden wenig bekannt ist und das sie deshalb eher in Deutsch kennen.

Die Literatur über das Rätoromanische ist in der Regel nicht so sehr an der Umgangssprache ausgerichtet. Sie erfahren beispielsweise in Wörterbüchern das Wort **Germania** für „Deutschland", während es in der gesprochenen Sprache fast durchgängig dem Wort **Tiaratudestga** gewichen ist. Hier führe ich Sie in die gesprochene Alltagssprache ein!

Häufig werden Sie in Graubünden den Slogan lesen: **Tgi che sa rumantsch, sa dapli.** „Wer Rätoromanisch kann, kann (weiß) mehr." (Auf Surselvisch wäre es **romontsch** statt **rumantsch.**)

Weitere Sprachen in Graubünden

Graubünden ist der einzige offiziell dreisprachige Kanton der Schweiz. Neben dem in diesem Buch behandelten Bündnerromanischen werden Deutsch und Italienisch gesprochen.

In einem großen Teil Graubündens wird heute Deutsch gesprochen. Dabei handelt es sich teilweise um höchstalemannische Dialekte, die mit den Walsern aus dem Wallis eingewandert sind. Man spricht also Walserdeutsch. Wenn Sie ein Buch anschauen, das Ihnen das Schweizerdeutsche vermittelt, dann ist das meistens das Zürichdeutsche. Von diesem unterscheidet sich das Walserdeutsche Graubündens zum Teil beträchtlich. Lautliche Unterschiede sind unter anderem die folgenden: Während man in Zürich **myn Brueder** für „mein Bruder", **Wy** (mit langem **i**) für „Wein", und **ghaa** für „gehabt" sagt, heißt es in Graubünden **miner Brüeder, Wie** (mit Doppelvokal) und **gchaa** (mit **ch** wie in **ach**). In Zürich und dem größten Teil des alemannischen Sprachgebietes heißt das Pronomen „sie" **sy** oder **si,** in Graubünden aber **schi** oder unbetont auch nur **sch.** Auch im Wortschatz gibt es Unterschiede: So heißt „Schwein" in Zürich **Sou,** ähnlich auch in den meisten anderen Teilen des alemannischen Sprachgebietes, in Graubünden dagegen **Schwie.**

Im Süden Graubündens gibt es drei Gebiete, in denen Italienisch gesprochen wird: das Misox (Mesocco) an der Grenze zum Tessin mit Mesolcinatal und Calancatal, das Bergell (Bregaglia) und das Puschlav (Valposchiavo). Wie im Tessin und den angrenzenden Gebieten Norditaliens handelt es sich hier um lombardische Dialekte. Auffällig im Lombardischen ist das Auftreten der Laute **ö** und **ü** wie im Engadinischen: **crös** „Kreuz". Entsprechende Ortsnamen in Norditalien verleiten manchmal zur irrtümlichen Annahme, dort würde Rätoromanisch gesprochen. Auch sonst sind einige Parallelen zum Bündnerromanischen zu finden. So heißt „Ziege" auf Lombardisch **caura** oder **ciaura** *tschaura* ähnlich wie im Surselvischen, „Milch" heißt lombardisch **lač** *latsch,* surselvisch **latg** *latj.* In der Stadt Poschiavo können Sie lombardische Straßenschilder finden, und die erinnern Sie möglicherweise an das Rätoromanische.

Deutsche Wörter im Rätoromanischen

Wie weit die aus dem Deutschen übernommenen Wörter dem Schriftdeutschen entsprechen oder aber schweizerdeutsch eingefärbt sind, ist unterschiedlich.

Es kann nicht verwundern, dass der jahrhundertealte deutsche Einfluss seine Spuren in der rätoromanischen Sprache hinterlassen hat. Heute spricht praktisch jeder Rätoromanischsprecher zumindest einigermaßen Deutsch, oft sowohl Schriftdeutsch als auch Schweizerdeutsch.

Einige deutsche Wörter haben es bis in die gewöhnliche Schriftsprache geschafft. Dazu gehören **il tier** *il tier* „das Tier", **il buob** *il buop* „der Bub, der Knabe". Andere Wörter werden in der Umgangssprache allgemein gebraucht, sind aber in der Schriftsprache unüblich. In wörtlicher Rede, etwa in Comics, werden sie aber doch manchmal geschrieben. Solche Wörter sind **schon** *schån* und **aber** *abër.*

Manche deutschen Wörter werden nur regional benutzt. Ihr Gebrauch ist der Mode und damit einem starken Wandel unterworfen. Wo man heute noch **küelschrank** *küelschrangk* sagt (vielleicht auch mal im Brief schreibt), heißt es morgen vielleicht schon wieder **frestgera** *fräschtjera.* Wohl jeder Rätoromanischsprecher, der **il schlauch** *il schlauch* oder **il rucksack** *il ruxak* sagt, weiß, dass es eigentlich **igl uder** *ilj üdër* und **il sacados** *il ßakadåß* heißt. Diese deutschen Wörter werden Sie in der rätoromanischen Literatur vergeblich suchen. Das Wort **igl envidader** *ilj ënwidadër* für „das Feuerzeug" ist allerdings bei manchen Sprechern in Vergessenheit geraten zugunsten von **il zünder** *il zündër.*

Wenn ein Rätoromane deutsche Fachausdrücke lernt, kennt er nicht notwendigerweise die rätoromanischen Bezeichnungen, da er mit dem Thema möglicherweise nie zu tun gehabt hatte. Und so verwendet er auch innerhalb des rätoromanischen Satzes die deutschen Wörter.

Weiterhin gibt es deutsche Wörter, deren rätoromanische Entsprechungen kaum bekannt sind oder vielleicht gar nicht existieren, da die so bezeichneten Objekte in Graubünden wenig bekannt sind. Wenn Sie Jäger sind und einem Graubündner Jäger über Damhirsche erzählen wollen, bleibt Ihnen wahrscheinlich nichts anderes übrig, als das deutsche Wort zu benutzen; das rätoromanische Wort wird Ihnen kaum jemand sagen können, da es in Graubünden keine Damhirsche gibt.

Ich persönlich glaube nicht, dass die deutschen Elemente im Rätoromanischen eine Bedrohung für die Sprache sind. Jede Sprache ist zu einem gewissen Grad gemischt. Sprachen und Kulturen, die sich offen und anpassungsfähig zeigen, haben in der Regel bessere Überlebenschancen. Zur Offenheit gehört sicherlich auch, dass jeder Sprecher selber entscheiden kann, wie weit er oder sie deutsche Wörter benutzt. Ihnen als Sprachfremden empfehle ich, sich in dieser Hinsicht weitgehend nach Ihren Gesprächspartnern zu richten.

Rätoromanisch lernen

Der erste Teil zeigt, wie Rätoromanisch, genauer Surselvisch, „funktioniert" und liefert das Handwerkszeug, um eigene surselvische Sätze zu sprechen.

Sollten Sie zu den Menschen gehören, die lieber einen Bogen um das Thema Grammatik machen: Keine Sorge! Die wichtigsten Regeln werden auch für Laien verständlich erklärt und mit praktischen Beispielen veranschaulicht. Die Wort-für-Wort-Übersetzung (Seite 1) hilft dabei, den Satzbau nachzuvollziehen und selbst anzuwenden.

Rätoromanisch sprechen

Im zweiten Teil dreht sich alles ums Sprechen. Für alle möglichen Lebenslagen auf Reisen gibt es Beispiele, in die man nur noch das passende Wort einsetzen muss. Praktische Tipps und Infos zum Reiseland erleichtern das Ankommen. Trauen Sie sich und versuchen Sie Ihre ersten Schritte in der Fremdsprache! Sie zeigen damit Interesse und Respekt – und schon ist das Eis gebrochen, auch wenn man mal einen Fehler macht. Sie werden völlig andere Dinge erleben als „sprachlose" Reisende und Sie werden feststellen: Sprache öffnet Türen und Herzen.

Am Ende des Buches finden Sie ein Wörterbuch zum Nachschlagen in beiden Richtungen. Die Umschlagklappen geben einen Überblick der wichtigsten Sätze.

Wie aus anderen romanischen Sprachen bekannt, wird ein Adjektiv auch dann in Geschlecht und Zahl an das zugehörige Subjekt angeglichen, wenn es nicht attributiv (d. h. als unmittelbarer Begleiter), sondern prädikativ (also als Ergänzung zur Satzaussage mit dem Hilfsverb „sein") verwendet wird. Dann wird hier das Adjektiv jeweils in der männlichen und weiblichen Form aufgeführt.

Wenn jemand von sich selber spricht, wählt ein Mann die männliche Form, eine Frau hingegen die weibliche Form. Wird ein Mann angesprochen, wählt man die männliche Form usw.

Abkürzungen

Sg / Pl	Singular / Plural
Koll	Kollektiv (Sammelform)
m / w / s	männlich / weiblich / sächlich

Rätoromanisch lernen

Aussprache und Betonung

Die Rechtschreibung des Rätoromanischen orientiert sich zwar an der Ausspache, lässt sie aber nicht immer zweifelsfrei erkennen. Deshalb wurde hier eine Lautschrift eingeführt, um Ihnen die richtige Aussprache zu erleichtern.

Das Alphabet besteht aus folgenden 24 Buchstaben: **a, b, c, d, e, f, g, h, i, j, k, l, m, n, o, p, q, r, s, t, u, v, x** und **z.** Der Buchstabe **k** kommt nur in Fremdwörtern vor. Gelegentlich kommen die Akzentbuchstaben **é** und **è** vor, um ansonsten gleich geschriebene Wörter zu unterscheiden. Sonst sind Akzentbuchstaben selten; sie bezeichnen immer die Betonungsstelle, z. B. **vallà** *wala* „Tälchen, Mulde".

Deutsche Wörter, die in der Schriftsprache nicht gebraucht werden, für die es daher keine Rechtschreibregeln gibt, werden in diesem Buch in Anlehnung an die deutsche Schreibung geschrieben. Dadurch kommen noch die Buchstaben **ü** und **w** hinzu, die dem Surselvischen an sich fremd sind.

Konsonanten (Mitlaute)

c	*z*	vor **e** und **i** wie „z" in „**Z**ucker"	**uffeci** *ufezi* (Amt)
	k	sonst wie „k" in „**K**opf"	**co** *kå* (wie), **vacca** *waka* (Kuh), **sac** *ßak* (Sack)
ch	*k*	vor **e** und **i** wie „k" in „**K**opf"	**tochen** *tåkën* (bis)
	ch	in dt. Wörtern wie „ch" in „a**ch**"	**schlauch** *schlauch* (Schlauch)

g	*dj*	vor **e** und **i** als Verschmelzung von „d" und „j", folgendes **i** ist vor Vokal oft stumm	**gievgia** *djiewdja* (Donnerstag)
	g	sonst wie „g" in „geben"	**grisch** *grisch* (grau), **lungatg** *lunggatj* (Sprache)
gh	*g*	vor **e** und **i** wie „g" in „geben"	**legher** *legër* (lustig)
gl	*lj*	vor **i** (das vor Vokal stumm ist) u. am Wortende Verschmelzung von „l" u. „j" wie in italienisch „fami**gli**a"	**fegl** *felj* (Sohn; Blatt), **feglia** *felja* (Tochter; Laub), **glina** *ljina* (Mond)
	gl	sonst wie „gl" in „**Gl**as"	**glatsch** *glatsch* (Eis)
gn	*nj*	als Verschmelzung von „n" und „j" wie in italienisch „si**gn**ora"	**pign** *pinj* (klein)
h	*h*	wie „h" in „**H**aus", auch am Wortende als Hauchlaut	**reh** *räh* (reich), **hosp** *håschp* (Gast)
	–	am Wortanfang gelegentlich stumm	**ti has** *ti aß* (du hast)
n	*ng*	vor **c** und **g** im Inlaut (wenn diese nicht vor **e** oder **i**) wie „ng" in „la**ng**"	**lungatg** *lunggatj* (Sprache), **vischnaunca** *wischnäungka* (Gemeinde)
	n	sonst wie in „**n**icht"	**na** *na* (nein), **jeu sun** *jäu ßun* (ich bin)
qu	*ku*	wie „k" mit „u", das keine eigene Silbe bildet, wie „cu" in „E**cu**ador", „qu" in englisch „**qu**estion"	**quater** *kuatër* (vier)

r	*r*	wie „r" in „**R**asen", deutliches „r" auch nach Vokalen	**rut** *rùt* (kaputt), **sur** *sur* (über), **tuorta** *tuorta* (Kuchen)
	–	am Wortende nach betontem Vokal oft stumm	**calzer** *kalzä* (Schuh), **udir** *udi* (hören)
s	*ß*	im Anlaut meistens, nach Konsonanten manchmal, im Auslaut immer wie „ß" in „Stra**ß**e"	**sis** *ßiß* (sechs), **nuorsa** *nuorßa* (Schaf)
	s	zwischen Vokalen, manchmal nach Konsonanten und vereinzelt am Wortanfang wie „s" in „Rose"	**meisa** *meisa* (Tisch), **bransina** *bransina* (Glocke), **sur** *sur* (über)
	sch	vor Konsonanten wie „s(ch)" in „**St**ein" (vor **ch** durch Bindestrich abgesetzt)	**ski** *schki* (Ski), **tudestg** *tudäschtj* (deutsch), **jeu pes-chel** *jäu päschkël* (ich fische)
	~~sch~~	vor einigen stimmhaften Konsonanten wie „g" in „Blama**g**e"	**gliendisdis** *ljendi~~sch~~diß* (Montag)
sch	*sch*	teilweise wie „sch" in „wa**sch**en", im Auslaut immer so	**grascha** *grascha* (Mist), **grisch** *grisch* (grau[m])
	~~sch~~	teilweise wie „g" in „Blamage" oder „j" in „Journalist"	**grischa** *gri~~sch~~a* (grau[w]), **schotg** *~~sch~~åtj* (achtzehn)
ss	*ß*	wie „ss" in „Wasser"	**caussa** *kaußa* (Sache), **bass** *baß* (niedrig)
tg	*tj*	etwa wie „tj" in „**tj**a" oder „tch" in „Hü**tch**en"	**tgaun** *tjäun* (Hund), **latg** *latj* (Milch)

tsch	*tsch*	wie „tsch" in „Ma**tsch**"	**tschien** *tschien* (hundert)
v	*w*	wie „w" in „**w**eiß"	**verd** *wärt* (grün)

Stimmlose und stimmhafte Konsonanten

Ähnlich wie im Deutschen werden die Buchstaben **b, d, g, s, sch** und **v** im Auslaut stimmlos gesprochen, also z. B. **b** wie **p, v** wie **f: nov** *nåf* „neun". Bei Bindung ans nächste Wort können die Laute jedoch wieder stimmhaft werden: **dus onns** *dus'ånß* „zwei Jahre", **nov ovs** *nåw'åfß* „neun Eier". Um diese Bindung zu kennzeichnen, wird hier in der Lautschrift ein Auslassungszeichen gesetzt.

Auch eine Angleichung an einen folgenden stimmhaften Konsonanten kommt vor: **quendisch dis** *kuendi~~sch~~'diß* „zwei Wochen" (wörtlich „fünfzehn Tage"), **miezdi** *miedsdi* „Mittag". Die beim flüssigen Sprechen erfolgende Angleichung wird hier nicht konsequent bezeichnet; beim langsamen Sprechen, wie Sie es anfangs tun, würde sie in vielen Fällen wohl eher gekünstelt wirken.

Aussprache von c, d, g, r

Das Zungenspitzen-R gilt als gepflegte Aussprache, das Zäpfchen-R eher als nachlässig. Wenn Sie das Wort *„tuochta"* hören, schauen Sie im Wörterbuch unter **tuorta** (Standardaussprache *„tuorta"*), dann finden Sie „Kuchen". Der ach-Laut kommt sonst nur in deutschen Wörtern vor.

Die Buchstaben **c, d, g** und **t** sind nach **n** im Auslaut in der Regel stumm: **grond** *grån* „groß".

Das **r** können Sie als deutsches Zäpfchen-R oder als italienisches Zungenspitzen-R hören (aber nie als a-Laut wie insbesondere in Norddeutschland und Bayern!). Seien Sie darauf gefasst, dass das Zäpfchen-R vor stimmlosen Konsonanten bisweilen wie „ch" in „ach" gesprochen wird.

Seien Sie außerdem darauf gefasst, dass in schneller oder nachlässiger Sprache *dj* und *lj* zu *j* werden können: **gie** *je* statt standardsprachlichem *dje* „ja“, **magliar** *mija* statt *milja* oder *malja* „essen“. Das **c** in **buc** „nicht“ wird manchmal verschluckt: *bù.* Sie können derartige Aussprachen gern von ihren Gesprächspartnern übernehmen, sie werden hier in der Lautschrift jedoch nicht berücksichtigt.

Vokale (Selbstlaute)

a	*a*	betont wie „a“ in „Hase“	**quater** *kuatër* (vier)
	a	unbetont dumpf, etwa wie „e“ in „Mutter“, hier nicht speziell gekennzeichnet	**damaun** *damäun* (morgen), **trenta** *tränta* (dreißig)
	i	unbetont vor j-haltigen Konsonanten (**gli, gi, sch** usw.) umgangssprachlich wie „i“ in „immer“	**caschiel** *kischiel* (Käse)
e	*e*	manchmal geschlossen wie „e“ in „Seele“	**endisch** *endisch* (elf)
	ä	manchmal offen wie „ä“ in „Säle“	**tredisch** *trädisch* (dreizehn)
	ë	unbetont meist wie „e“ in „Hase“	**quater** *kuatër* (vier)
é	*e*	immer geschlossen wie in „Seele“ und betont	**péz** *pez* (Berg)
è	*ä*	immer offen wie in „Säle“ und betont	**pèsch** *päsch* (Fisch), **caffè** *kafä* (Kaffee, Café)
i	*i*	wie „i“ in „Biber“	**sis** *ßiß* (sechs)
o	*å*	meistens offen wie „o“ in „offen“, am Wortende in der Regel betont	**otgonta** *åtjånta* (achtzig), **dado** *dadå* (außen)

	o	unbetont eher geschlossen wie „o" in „Au**to**"	**auto** *auto* (Auto)
u	*u*	manchmal geschlossen wie „u" in „R**u**he", unbetont immer so	**dus** *duß* (zwei), **cumprar** *kumpra* (kaufen)
	ù	manchmal offen, fast wie „o" in „**O**fen"	**dudisch** *dùdisch* (zwölf)
ü	*ü*	wie „ü" in „S**ü**den", nur in deutschen Wörtern	**zünder** *zündër* (Feuerzeug)

Betonung

Die Betonung wird im Rätoromanischen nur in Ausnahmefällen durch einen Akzent gekennzeichnet. Sie ist oft nicht an der Schreibung zu erkennen: **vadi** *wadi* „Kalb", aber **selvadi** *ßëlwadi* „wild". Die betonten Vokale sind in der Lautschrift unterstrichen.

Lange und kurze Vokale

Der Unterschied zwischen langen und kurzen Vokalen ist kleiner als im Deutschen. Er spielt im Surselvischen keine große Rolle. Am besten sprechen Sie die betonten Vokale halblang. Sprechen Sie **sis** *ßiß* „sechs" nicht so kurz wie das gleichbedeutende französische Wort. Die unbetonten Vokale sind sehr kurz. **e** und **a** in unbetonten Silben klingen ähnlich.

Das offene **u** klingt für deutsche Ohren etwa wie ein **o,** ist aber im Bewusstsein der Rätoromanen ein **u** und kein **o.** Wenn Sie nach der Aussprache von **dudisch** fragen, wird man Ihnen das **u** wahrscheinlich geschlossener sprechen als in der flüssigen Sprache. Man wird auch Sie problemlos verstehen, wenn Sie das offene **u** als *u* sprechen. Der Laut wurde hier nicht mit *o* wiedergegeben, da das eventuell dazu verleiten könnte, ein offenes *å* zu sprechen. Wenn Sie *boka* hören, dann ist es das Wort *bùka* (**buca** „nicht“)

Diphthonge (Zwielaute)

Diphthonge sind meistens betont. In den meisten Fällen liegt der Hauptton auf dem ersten Vokal, bei **ia** und ausnahmsweise bei **iu** auf dem zweiten. Eine Silbengrenze zwischen zwei Vokalen wird in der Lautschrift durch einen Bindestrich gekennzeichnet: **mia** *mi-a* „meine“, **di da naschientscha** *di da naschi-äntscha* „Geburtstag“.

ai	*ai*	wie „ai“ in „M**ai**“	**mai** *mai* (niemals)
au	*au*	wie „au“ in „M**au**s“	**tgau** *tjau* (hallo, tschüss)
	äu	vor **n** wie „ä“ in „S**ä**le“ mit kurzem „u“, etwa wie „o“ in englisch „b**o**ne“	**saun** *ßäun* (gesund)
ei	*ei*	standardsprachl. wie „ay“ in „Spr**ay**“	**treis** *treiß* (drei)
eu	*äu*	wie „ä“ in „S**ä**le“ mit kurzem „u“, ähnlich wie „o“ in englisch „n**o**“	**neu** *näu* (komm, herbei)
	åi	nur in deutschen Wörtern wie „eu“ in „n**eu**“	**euro** *åiro* (Euro)
	ö	in französischen Wörtern wie „ö“ in „H**ö**hle“	**pneu** *pnö* (Reifen)
ia	*ia*	kurzes „i“ (fast wie „j“) mit betontem „a“	**siat** *ßiat* (sieben)
ie	*ie*	„i“ mit kurzem „e“, ähnlich wie „ie“ in schweizerdeutsch „n**ie**“ (kein langes „i“!)	**bien** *bien* (gut)

ventgadus

ieu	*iäu*	kurzes „i“ (fast wie „j“), betontes „ä“, kurzes „u“	**lieunga** *liäungga* (Zunge)
iu	*iu*	„i“ mit kurzem „u“	**miu** *miu* (mein)
	iu	in der Endung **-iun** in einem Teil des Gebietes kurzes „i“ (fast wie „j“) mit betontem „u“ (*iu*), im anderen Teil wie Vorheriges (*iu*)	**staziun** *schtaziun* (Bahnhof)
üe	*üe*	„ü“ mit kurzem „e“, nur in deutschen Wörtern, wie „üe“ in schweizerdt. „k**üe**l“	**küelschrank** *küelschrangk* (Kühlschrank)
uo	*uo*	„u“ mit kurzem „o“, ähnlich wie „ue“ in schweizerdt. „g**ue**t“	**nuot** *nuot* (nichts)

Die Aussprache von **ei** ist regional unterschiedlich, teilweise spricht man es wie „ay“ in „Spr**ay**“ (*äi*), teilweise wie „ei“ in „m**ei**n“ (*ai*), auch wie „eu“ in „n**eu**“ (*åi*). Lassen Sie sich also nicht verwirren, wenn Sie *fain* oder *fåin* hören, das ist **fein** „Heu“. Wenn Sie **mei** „geht“ und **mai** „niemals“ gleich aussprechen, dann tun Sie das, was manche Muttersprachler auch tun.

Auch andere Folgen von Vokalen werden gern zu Doppellauten zusammengezogen, z. B. **suenter** *ßuäntër* „nach, nachher“. **u** nach **q** bildet immer den unbetonten Teil eines Doppellautes: **quendisch** *kuendisch* „fünfzehn“, **quint** *kuint* „fünfter“.

Für deutsche Ohren klingen die weiblichen Vornamen **Diana** *diana* und **Gianna** *djana* zunächst kaum unterschiedlich. Aber Sie werden sich im Laufe der Zeit an den Unterschied gewöhnen.

Deutsche Wörter der gesprochenen Sprache werden mehr oder weniger wie im Deutschen ausgesprochen, teilweise mit schweizerdeutschem Einschlag, eine feste Regel für die genaue Aussprache lässt sich aber nicht angeben: **sowieso** *såwiso*, **irgend** *irgën.*

In der Umgangssprache hat es sich eingebürgert, zum Buchstabieren die deutschen Buchstabennamen zu verwenden. Oft aber wird das **v** gemäß seiner Aussprache *we* genannt.

Falls Sie Französisch sprechen, lassen Sie sich nicht vom bisweilen französisch anmutenden Schriftbild irritieren: **temps** „Zeit" wird *tämpß* oder *tämß* gesprochen (**da temps en temps** *datämß entämß* „von Zeit zu Zeit"), **d'accord** „einverstanden" heißt richtig *dakårt.*

Nomen

Im Rätoromanischen sind alle Nomen (Substantive) entweder weiblich oder männlich. Die Wörter auf **-a** sind fast immer weiblich, die meisten anderen sind männlich. Aber es gibt auch Wörter auf Konsonanten, die weiblich sind, und die Sie nicht immer vom Französischen oder Italienischen ableiten können. So ist etwa **punt** *pùn* „Brücke" weiblich.

Artikel

Die Artikel werden mit den Nomen als eine Einheit gesprochen. Es wäre also richtiger, in der Lautschrift nicht *il mäun*, sondern *ilmäun* zu schreiben.

	Singular	Plural
m	**il** / (vor Vokal und **j**) **igl, gl'**	**ils**
w	**la** / (vor Vokal) **l'**	**las**

Die Form des Artikels vor **h** ist von der Aussprache abhängig: Ist es stumm, so sagt man **igl hotel** *ilj'åtäl,* **l'historia** *l'ischtåria.* Da es heutzutage üblicherweise mitgesprochen wird (zweifellos durch deutschen Einfluss bedingt), sagt man **il hotel** *il håtäl,* **la historia** *la hischtåria.*

Der Artikel steht gewöhnlich auch vor Vornamen. Also **la Giuditta** *la djudita* „(die) Judith", **il Giusep** *il djusäp* „(der) Josef".

Den unbestimmten Artikel gibt es wie im Deutschen nur im Singular. Er heißt männlich **in,** weiblich **ina** (vor Vokal wird er meist verkürzt zu **in'**).

Plural und Kollektivform

Die Pluralform (Mehrzahl) der Nomen endet auf **-s.**

il maun	*il mäun*	die Hand
ils mauns	*ilß mäunß*	die Hände
igl aviul	*ilj awiul*	die Biene
ils aviuls	*ils'awiulß*	die Bienen
la vacca	*la waka*	die Kuh
las vaccas	*laß wakaß*	die Kühe
l'aua	*l'au-a*	das Wasser
las auas	*las'au-aß*	die Gewässer
ina casa	*ina kasa*	ein Haus
casas	*kasaß*	Häuser
il schlauch	*il schlauch*	der Schlauch
ils schlauchs	*ilß schlauchß*	die Schläuche

Auch deutsche Wörter, die in der Umgangssprache vorkommen, werden auf diese Art in den Plural gesetzt (hier z. B. **schlauch**). Es gibt bei männlichen (sehr selten bei weiblichen) Wörtern einige Unregelmäßigkeiten:

il cunti	*il kunti*	das Messer
ils cuntials	*ilß kuntialß*	die Messer
igl jester	*ilj ieschtër*	der Fremde
ils jasters	*ils'jaschtërß*	die Fremden
igl iev	*ilj ief*	das Ei
ils ovs	*ils'åfß*	die Eier
il tgiet	*il tjiet*	der Hahn
ils cots	*ilß kåz*	die Hähne
igl um	*ilj ùm*	der Mann
ils umens	*ils'ùmënß*	die Männer

Und eine Spezialität des Bündnerromanischen: Neben dem Plural haben manche männlichen Wörter eine zusätzliche Sammelform (Kollektivform, hier abgekürzt mit *Koll*), die die Objekte als Gesamtheit beschreibt. Diese Form endet auf **-a** und wird als weiblicher Singular behandelt:

Singular		
il fegl	*il felj*	das Blatt
il tgiern	*il tjiern*	das Horn
il meil	*il meil*	der Apfel

Plural		
ils fegls	*ilß feljß*	die Blätter
ils corns	*ilß kårnß*	die Hörner
ils meils	*ilß meilß*	die Äpfel

Kollektiv		
la feglia	*la felja*	das Laub
la corna	*la kårna*	das Gehörn
la meila	*la meila*	die Äpfel

Eine Beugung wie im Deutschen gibt es nicht, stattdessen werden dem Nomen Präpositionen vorangestellt (siehe auch: Kapitel „Fragen"). Deutsche Wörter, die fast nur im Plural vorkommen, werden bisweilen im Rätoromanischen als Kollektivform ausgedrückt: **la haferflocka** *la haférflåka* „die Haferflocken". Beachten Sie außerdem: **la glieud** *la ljäut* „die Leute" ist im Rätoromanischen immer Singular.

Verkleinerungsformen

Einfach und kennenswert sind die Verkleinerungsformen, männlich auf **-et,** weiblich auf **-etta,** wobei das grammatische Geschlecht – anders als im Deutschen! – erhalten bleibt:

il buob	*il buop*	der Bub
il buobet	*il buobät*	das Bübchen
la buoba	*la buoba*	das Mädchen
la buobetta	*la buobäta*	das kleine Mädchen
il truc	*il trùk*	der Kasten
il truchet	*il trukät*	die Schublade

Zusammensetzungen von Nomen

Zusammensetzungen werden durch **da** „von" gebildet, wenn damit ein Zweck oder ein Material ausgedrückt wird:

il barschun da dents
il barschun da dänß
der Bürste von Zähnen
die Zahnbürste

la casa da crap
la kasa da krap
die Haus von Stein
das Steinhaus

In den meisten Fällen bildet man eine Zusammensetzung durch bloße Aneinanderreihung (auch mit Bindestrich oder zusammengeschrieben).

il latg caura	**il det-pei**	**la viafier**
il latj kaura	*il dät pei*	*la wi-afier*
der Milch Ziege	*der Finger-Fuß*	*die Weg-Eisen*
die Ziegenmilch	die Zehe	die Eisenbahn

Nur der erste Teil der Zusammensetzung wird in den Plural gesetzt.

ils dets-pei	**las viasfier**
ils däz pei	*laß wi-aßfier*
die Finger(Pl)-Fuß	*die Wege-Eisen*
die Zehen	die Eisenbahnen

Manches, was im Deutschen eine Zusammensetzung ist, wird umschrieben und in Zusammensetzungen mit **mal** im Sinne von „Schmerz“ erhält der zweite Teil den Artikel:

caffè cun latg	**mal il tgau**
kafä kun latj	*mal il tjau*
Kaffee mit Milch	*Schmerz der Kopf*
Milchkaffee	Kopfschmerz

Beachten Sie den Unterschied bei Zusammensetzung mit und ohne Präposition:

in migiel da vin	**in migiel vin**
in midjiel da win	*in midjiel win*
ein Glas von Wein	*ein Glas Wein*
ein Weinglas	ein Glas Wein

ina scadiola da caffè	**ina scadiola caffè**
ina schkadiåla da kafä	*ina schkadiåla kafä*
eine Tasse von Kaffee	*eine Tasse Kaffee*
eine Kaffeetasse	eine Tasse Kaffee

Einige Zusammensetzungen stellen einen verkürzten Satz dar. Diese Wörter sind männlich und im Plural unverändert: **ils tschetschapuorla** „die Staubsauger", **ils schigentamauns** „die Handtücher".

il tschetschapuorla	**il schigentamauns**
il tschetschapuorla	*il schidjäntamäunß*
der Saugt-Staub	*der Trocknet-Hände*
der Staubsauger	das Handtuch

„Staubsauger" und „Handtuch" sind zu verstehen als **che tschetscha la puorla** „der den Staub saugt" und **che schigenta ils mauns** „das die Hände trocknet".

Dieses und Jenes, Hier und Dort

Die Demonstrativpronomen (hinweisende Fürwörter) für „jener, jene, jenes", oft auch im Sinn von „dieser, diese, dieses", stehen vor dem Nomen, auf das sie sich beziehen (männlich als Begleiter auf **-ei,** aber wenn alleinstehend auf **-el**). **Tschel, tschella, tschei** werden v. a. bei Gegenüberstellungen oft mit „der, die, das andere" übersetzt. **Quest** *kuescht* (dieser), **questa** *kueschta* (diese) werden heute hauptsächlich in Wendungen wie **questa stad** „diesen Sommer", **questa jamna** „diese Woche", **quest onn** „dieses Jahr, heuer" verwendet. Von **quest** gibt es keine sächliche Form.

m	**quel** *kuel* / **tschel** *tschel*	jener
w	**quella** *kuela* / **tschella** *tschela*	jene *(Sg)*
s/m	**quei** *kuei* / **tschei** *tschei*	jenes / -er
m	**quest** *kuescht*	dieser
w	**questa** *kueschta*	diese

Für „jener, jene", auch „dieser, diese", insbesondere, wenn etwas vorher Genanntes wieder aufgegriffen wird, verwendet man **lez / lezza.**

m	**lez**	*läz*	dieser, jener, er
w	**lezza**	*läza*	diese, jene, sie

Tgei fa tiu frar?
tjei fa tiu fra
was macht dein Bruder
Was macht dein Bruder?

Lez va a spass.
läz wa a schpaß
dieser geht zu Spaß
Er („dieser") geht spazieren.

Vor einem Nomen bedeutet es „jener, jene", z. B. **da gliez temps** *da ljäz tämß („zu jener Zeit",* damals).

gliez *(m)*	*ljäz*	jener	**lezs** *(m Pl)*	*läz*	jene *(Pl)*
lezza *(w)*	*läza*	jene	**lezzas** *(w Pl)*	*läzaß*	jene *(Pl)*

Hier und Dort

Die Wörter für „hier" und „dort" werden auch für „hierher" und „dorthin" verwendet, da Ort und Richtung im Rätoromanischen oft nicht unterschieden werden.

cheu	*käu*	hier(her)	**leu**	*läu*	dort(hin)

Adjektive

Adjektive (Eigenschaftswörter) stehen meistens nach dem zugehörigen Nomen, manche stehen allerdings davor. Als Faustregel können Sie sich merken: Beschreibende Adjektive sind dem Nomen, auf das sie sich beziehen, nachgestellt, solche, die subjektive Stellungnahmen ausdrücken, sind vorangestellt. So sind Farbbezeichnungen nachgestellt, Wörter wie **bi** „schön“, **bien** „gut“ und **schliet** „schlecht“ meistens vorangestellt.

vin tgietschen	**in bi carstgaun**
win tjietschën	*in bi karschtjäun*
Wein roter	*ein schöner Mensch*
Rotwein	ein schöner Mensch

Manche Adjektive stehen in direkter Bedeutung hinten, in übertragener Bedeutung aber vorne, hier z. B. **grond** „groß“ und **pauper** „arm“.

in um grond	**in grond um**
in ùm grån	*in grån ùm*
ein Mann großer	*ein großer Mann*
ein (körperlich) großer Mann	ein bedeutender Mann

ina dunna paupra	**ina paupra dunna**
ina dùna paupra	*ina paupra dùna*
eine Frau arme	*eine arme Frau*
eine bedürftige Frau	eine bemitleidenswerte Frau

Die Adjektive werden nach Geschlecht und Zahl verändert, und zwar auch dann, wenn sie im Deutschen unveränderlich sind, z. B.

bei der prädikativen Verwendung in Sätzen mit dem Verb „sein“.

ina femna gronda	**La femna ei gronda.**
ina fämna grånda	*la fämna ei grånda*
eine Frau große	*die Frau ist große*
eine große Frau	Die Frau ist groß.

Achtung: Die männliche Singularform ist bei attributiver Verwendung (z. B. **il tschiel blau**) endungslos; als Satzergänzung in einem Satz mit „sein“ (prädikative Stellung) erhält sie jedoch ein **-s:**

il tschiel blau	**Il tschiel ei blaus.**
il tschiel blau	*il tschiel ei blauß*
der Himmel blauer	*der Himmel ist blau*
der blaue Himmel	Der Himmel ist blau.

Die weibliche Form und die Pluralformen machen dagegen diesen Unterschied nicht. Wenn sich das Adjektiv auf etwas Sächliches bezieht, ist es auch in prädikativer Stellung endungslos (siehe auch: Kapitel „Personalpronomen“).

igl ei bien	*ilj ei bien*	es ist gut
tut ei blau	*tùt ei blau*	alles ist blau

Im Plural wird auch an die Adjektive die Endung **-s** angehängt, z. B. **ils umens gronds** *ilsʼùmënß grånß* „die großen Männer“, **las femnas grondas** *laß fämnaß gråndaß* „die großen Frauen“.

Allerdings gibt es ein paar unregelmäßige Wörter. Die häufigste Unregelmäßigkeit ist diejenige, dass die endungslose Form lautlich etwas abweicht: **bien** *bien* (m), **buna** *buna* (w) „gut“. Unregelmäßig sind auch die meisten Partizipien, deren Bildung Sie später bei den Verben kennen lernen werden.

Hier ein paar Beispiele für unregelmäßige Adjektive:

	m Sg beim Nomen	m Sg bei „sein"	m Pl
gut	**bien** *bien*	**buns** *bunß*	**buns** *bunß*
neu	**niev** *nief*	**novs** *nåfß*	**novs** *nåfß*
jung	**giuven** *djuwën*	**giuvens** *djuwënß*	**giuvens** *djuwënß*
rot	**tgietschen** *tjietschën*	**cotschens** *kåtschënß*	**cotschens** *kåtschënß*
schön	**bi** *bi*	**bials** *bialß*	**bials** *bialß*
link(er)	**seniester** *ßënieschtër*	**seniasters** *ßëniaschtërß*	**seniasters** *ßëniaschtërß*

	w Sg	w Pl
gut	**buna** *buna*	**bunas** *bunaß*
neu	**nova** *nåwa*	**novas** *nåwaß*
jung	**giuvna** *djufna*	**giuvnas** *djufnaß*
rot	**cotschna** *kåtschna*	**cotschnas** *kåtschnaß*
schön	**biala** *biala*	**bialas** *bialaß*
link(er)	**seniastra** *ßëniaschtra*	**seniastras** *ßëniaschtraß*

Zur Bildung des Gegenteils gibt es verschiedene Vorsilben. Die verbreitetste ist **mal-**. Leider können Sie auf diese Art nicht nach Belieben neue Wörter konstruieren. Es gibt noch andere Vorsilben mit derselben Bedeutung, z. B. **nun-** und **im-**.

cuntent	*kuntän*	zufrieden
malcuntent	*malkuntän*	unzufrieden
saun	*ßäun*	gesund
malsaun	*malßäun*	krank

pusseivel	*pußeiwël*	möglich
nunpusseivel	*nunpußeiwël*	unmöglich
pur	*pur*	rein
impur	*impur*	unrein

Steigern und Vergleichen

Adjektive werden mit **pli** (mehr) gesteigert (Komparativ). In der zweiten Steigerungsstufe (Superlativ) kommt noch der Artikel hinzu:

grond	*grån*	groß
pli grond	*pli grån*	größer
il pli grond *der mehr groß*	*il pli grån*	der größte, am größten

Wollen Sie „sehr groß" sagen, so geht das wörtlich: **fetg grond.**

Steht der Superlativ nach einem Nomen, wird wie im Französischen der Artikel wiederholt:

> **la femna la pli pederta**
> *la fämna la pli pärdärta*
> „die klügste Frau".

Es gibt nur wenige unregelmäßige Steigerungsformen. Kennen sollten Sie **bien / buna.**

bien *(m)*	*bien*	gut
meglier	*mäljër*	besser(er) *(m)*
il meglier	*il mäljër*	der beste, am besten

buna *(w)*	*buna*	gut
megliera	*mäljëra*	bessere *(w)*
la megliera	*mäljëra*	die beste

Ebenfalls ohne **pli:**

ils biars	die meisten
ils paucs	die wenigsten

Ich und Du

Anders als im Deutschen werden auch in der 3. Person Plural männliche und weibliche Formen unterschieden.

jeu	*jäu*	ich
ti	*ti*	du
el	*äl*	er
ella	*äla*	sie *(w Sg)*
ei	*ei*	es
nus	*nuß*	wir
vus	*wuß*	ihr
els	*älß*	sie *(m Pl)*
ellas	*älaß*	sie *(w Pl)*

Das Personalpronomen **ei** wird nur in unpersönlichen Ausdrücken gebraucht. Zur Vermeidung von doppeltem **ei** steht vor **ei** „ist" aber statt dessen **igl.**

ei plova
ei plåwa
es regnet

igl ei miezdi
ilj ei miedsdi
es ist Mittag

igl ei bien
ilj ei bien
es ist gut

Bei Bezug auf Gegenstände steht je nach grammatischem Geschlecht **el** oder **ella,** bei Bezug auf Personen richtet sich das Fürwort nach dem natürlichen Geschlecht, also ähnlich wie im Deutschen, nur dass es eben keine sächlichen Nomen gibt.

las femnas – ellas ein bialas
laß fämnaß – älas'ein bialaß
die Frauen – sie sind schön

Wenn eine Gruppe aus Personen verschiedenen Geschlechts besteht, steht in romanischen Sprachen das männliche Pronomen.

igl um e las femnas – els ein bials
ilj ùm ë laß fämnaß – äls'ein bialß
der Mann und die Frauen – sie sind schön

Ich selbst und du selbst

Wichtig zu kennen sind noch die Erweiterungen mit „selbst" (männlich auf **-ez,** weiblich auf **-ezza**):

jeu mez(za)	*jäu mäz(a)*	ich selbst
memez(za)	*mëmäz(a)*	mich selbst
ti tez(za)	*ti täz(a)*	du selbst
tetez(za)	*tëtäz(a)*	dich selbst
el sez	*äl ßäz*	er selbst
sesez	*ßëßäz*	sich selbst
ella sezza	*äla ßäza*	sie selbst
sesezza	*ßëßäza*	sich selbst
nus sez (za)s	*nuß ßäz(aß)*	wir selbst
nus sez (za)s	*nuß ßäz(aß)*	uns selbst

vus sez (za)s	*wuß ßäz(aß)*	ihr selbst
vus sez (za)s	*wuß ßäz(aß)*	euch selbst
el(la)s sez (za)s	*äl(a)ß ßäz(aß)*	sie selbst
sesez (za)s	*ßëßäz(aß)*	sich selbst

Wem? oder Wen?

Die Personalpronomen können gebeugt werden. Die dem deutschen 2. und 3. Fall (Genitiv und Dativ) entsprechenden Ausdrücke bestehen lediglich aus einer Kombination der vorangestellten Präpositionen **da** (bzw. vor Vokal **dad**) „von" oder **a** (bzw. vor Vokal **ad**) „zu" mit dem entsprechenden Personalpronomen in gebeugter Form.

Der 2. Fall (Genitiv) wird ungefähr wie im Deutschen verwendet, z. B. **in amitg da mei** „ein Freund von mir", ist jedoch nicht mit den Possessivpronomen zu verwechseln.

Im 4. Fall (Akkusativ) haben nur die 1. und 2. Pers. Singular eine eigene Form, ansonsten ist er mit dem 1. Fall identisch. Beachten Sie, dass in diesen Personen nach **a** eine weitere besondere Form verwendet wird:

1. Fall		
jeu	*jäu*	ich
ti	*ti*	du
el	*äl*	er
ella	*äla*	sie
ei	*ei*	es
nus	*nuß*	wir
vus	*wuß*	ihr
els	*älß*	sie
ellas	*älaß*	sie

2. Fall		
da mei	*da mei*	meiner
da tei	*da tei*	deiner
dad el	*dad'äl*	seiner
dad ella	*dad'äla*	ihrer
dad ei	*dad'ei*	seiner
da nus	*da nuß*	unser
da vus	*da wuß*	euer
dad els	*dad'älß*	ihrer
dad ellas	*dad'älaß*	ihrer

3. Fall		
a mi	*a mi*	mir
a ti	*a ti*	dir
ad el	*ad'äl*	ihm
ad ella	*ad'äla*	ihr
ad ei	*ad'ei*	ihm
a nus	*a nuß*	uns
a vus	*a wuß*	euch
ad els	*ad'älß*	ihnen
ad ellas	*ad'älaß*	ihnen

4. Fall		
mei	*mei*	mich
tei	*tei*	dich
el	*äl*	ihn
ella	*äla*	sie
ei	*ei*	es
nus	*nuß*	uns
vus	*wuß*	euch
els	*älß*	sie
ellas	*älaß*	sie

Mein und Dein

Die Possessivpronomen (besitzanzeigenden Fürwörter) richten sich wie im Deutschen nach Geschlecht und Zahl des Besitzes (aber nicht auch nach dem Geschlecht des Besitzers). Nur **lur** „ihr“ (mehrere Besitzer) ist unveränderlich. Wenn Sie „ihr Gatte, ihr Mann“ sagen wollen, dann nehmen Sie die männliche Form, weil der Gatte männlich ist: **siu mariu** *ßiu mariu.* Wollen Sie dagegen „seine Gattin, seine Frau“ sagen, dann nehmen Sie die weibliche Form: **sia consorta** *ßi-a kånßårta*. Der deutsche Unterschied zwischen „sein“ und „ihr“ existiert also nicht.

m Sg		
miu	*miu*	mein
tiu	*tiu*	dein
siu	*ßiu*	sein, ihr
nies	*nieß*	unser
vies	*wieß*	euer
lur	*lur*	ihr

w Sg		
mia	*mi-a*	meine
tia	*ti-a*	deine
sia	*ßi-a*	seine, ihre
nossa	*nåßa*	unsere
vossa	*wåßa*	eure
lur	*lur*	ihre

m Pl		
mes	*meß*	meine
tes	*teß*	deine
ses	*ßeß*	seine, ihre

nos	*nåß*	unsere
vos	*wåß*	eure
lur	*lur*	ihre

w Pl		
mias	*mi-aß*	meine
tias	*ti-aß*	deine
sias	*ßi-aß*	seine, ihre
nossas	*nåßaß*	unsere
vossas	*wåßaß*	eure
lur	*lur*	ihre

Beachten Sie: **miu** ist einsilbig, **mia** jedoch zweisilbig. **Mia** wird vor Vokal manchmal zu **mi'** verkürzt.

Sein und Haben

Die Verben **esser** *äßër* (sein) und **haver** *awe* (haben, besitzen) werden ähnlich wie im Deutschen verwendet, nämlich auch zur Bildung zusammengesetzter Zeiten. Sie sind im Rätoromanischen genauso wie im Deutschen unregelmäßig.

Gegenwart

esser *äßër* (sein)		
jeu sun	*jäu ßun*	ich bin
ti eis	*ti eiß*	du bist
el / ella / igl / ins ei	*äl/äla/ilj/ins'ei*	er/sie/es/man ist
nus essan	*nus'äßan*	wir sind
vus essas	*wus'äßaß*	ihr seid
els / ellas ein	*äls' / älas'ein*	sie *(m/w)* sind

haver *awe* (haben, besitzen)		
jeu hai, jeu vai	*jäu ai, jäu wai*	ich habe
ti has	*ti aß*	du hast
el/ella/ei/ins ha	*äl/äla/ei/ins'a*	er/sie/es/man hat
nus vein	*nuß wein*	wir haben
vus veis	*wuß weiß*	ihr habt
els / ellas han	*äls'/ älas'ein*	sie *(m/w)* haben

Bei der Umstellung (z. B. in Fragesätzen) wird **ei** vor **el, ella** und **ei** (manchmal auch vor dem Artikel **il**) zur besseren Aussprechbarkeit zu **eis: eis el** *eis'äl* „ist er“. Für „ist es“ sagt man neben **eis ei** oft **eisi** *eisi*. Vor **ins** wird **ei** dagegen zu **ein,** genauso **ha** zu **han: ein ins** „ist man“, **han ins** „hat man“.

Die einfache Vergangenheit

Es gibt von **esser** zwei einfache Vergangenheitsformen, **erel** und **fuvel,** deren Unterscheidung eine stilistische und regionale Frage ist.

jeu erel, jeu fuvel	*jäu ärël, jäu fùwël*	ich war
ti eras, ti fuvas	*ti äraß, ti fùwaß*	du warst
el / ella / ei era, fuva	*äl / äla / ei ära, fùwa*	er / sie / es war
nus eran, nus fuvan	*nus'äran, nuß fùwan*	wir waren
vus eras, vus fuvas	*wus'äraß, wuß fùwaß*	ihr wart
els / ellas eran, fuvan	*äls' / älas'äran, älß / älaß fùwan*	sie *(m/w)* sind

jeu vevel	*jäu wäwël*	ich hatte
ti vevas	*ti wäwaß*	du hattest
el / ella / ei veva	*äl / äla / ei wäwa*	er / sie / es hatte

nus vevan	*nuß wäwan*	wir hatten
vus vevas	*wuß wäwaß*	ihr hattet
els / ellas vevan	*älß / älaß wäwan*	sie *(m/w)* haben

In der 3. Person wird das auslautende **-a** in der Umstellung vor Vokal gerne weggelassen: **er'el** „war er“, **vev'ins** „hatte man“.

Die zusammengesetzte Vergangenheit

Die zusammengesetzte Vergangenheit, auch vollendete Gegenwart genannt, wird wie im Deutschen mit dem Partizip **stau** *schtau* „gewesen“ bzw. **giu** *dju* „gehabt“ gebildet, nur ist es im ersteren Fall veränderlich:

el ei staus	er ist gewesen
ella ei stada	sie ist gewesen
igl ei stau	es ist gewesen
els ein stai	sie *(m Pl)* sind gewesen
ellas ein stadas	sie *(w Pl)* sind gewesen

el ha giu	er hat gehabt
ella ha giu	sie hat gehabt
ei ha giu	es hat gehabt
els han giu	sie *(m Pl)* haben gehabt
ellas han giu	sie *(w Pl)* haben gehabt

Auf die Bildung dieser Zeit wird im Kapitel „Verben und Zeiten“ noch näher eingegangen.

Verben in der Gegenwart

Im Rätoromanischen gibt es vier Klassen von Verben, die sich in den Endungen des Infinitivs (der Grundform) unterscheiden: die betonten Endungen **-ar, -er** und **-ir** sowie die unbetonte Endung **-er** (Stammbetonung). Die Verben werden gebeugt, indem die Endung des Infinitivs durch die Personenendung in der jeweiligen Zeitstufe ersetzt wird. Die Personalpronomen werden wie im Deutschen gesetzt, nur bei der Umstellung in der 2. Person auch weggelassen. Hier die regelmäßigen Formen:

Klasse I : giavischar	*djawischa*	wünschen
jeu giavischel	*jäu djawischël*	ich wünsche
ti giavischas	*ti djawischaß*	du wünschst
el giavischa	*äl djawischa*	er wünscht
ella giavischa	*äla djawischa*	sie wünscht
ei giavischa	*ei djawischa*	es wünscht
nus giavischein	*nus'djawischein*	wir wünschen
vus giavischeis	*wus'djawischeiß*	ihr wünscht
els giavischan	*äls'djawischan*	sie wünschen
ellas giavischan	*älas'djawischan*	sie wünschen

Klasse II: valer	*wale*	wert sein, gelten
jeu valel	*jäu walël*	ich bin wert
ti valas	*ti walaß*	du bist wert
el vala	*äl wala*	er
ella vala	*äla wala*	sie
ei vala	*ei wala*	es
nus valein	*nuß walein*	wir
vus valeis	*wuß waleiß*	ihr
els valan	*älß walan*	sie

ellas valan	*älaß walan*	sie

Klasse III: sentir	*ßënti*	fühlen
jeu sentel	*jäu ßäntël*	ich fühle
ti sentas	*ti ßäntaß*	du fühlst
el senta	*äl ßänta*	er fühlt
ella senta	*äla ßänta*	sie fühlt
ei senta	*ei ßänta*	es fühlt
nus sentin	*nuß ßëntin*	wir fühlen
vus sentis	*wuß ßëntiß*	ihr fühlt
els sentan	*älß ßäntan*	sie fühlen
ellas sentan	*älaß ßäntan*	sie fühlen

Klasse IV: emprender	*ëmpränděr*	lernen
jeu emprendel	*jäu ëmprändël*	ich lerne
ti emprendas	*ti ëmprändaß*	du lernst
el emprenda	*äl ëmprända*	er lernt
ella emprenda	*äla ëmprända*	sie lernt
ei emprenda	*ei ëmprända*	es lernt
nus emprendin	*nus'ëmprëndin*	wir lernen
vus emprendis	*wus'ëmprëndiß*	ihr lernt
els emprendan	*äls'ëmprändan*	sie lernen
ellas emprendan	*älas'ëmprändan*	sie lernen

Im Wörterbuch am Ende dieses Buches erkennt man die Verben der 4. Klasse daran, dass der Vokal der betonten Silbe unterstrichen ist.

Wortumstellung

Bei der Umstellung von Satzgegenstand (Subjekt) und Satzaussage (Prädikat), die wie im Deutschen gebildet wird, lässt man in der 1. und 3. Person Singular vor Vokal und **jeu** oft die Endung weg:

quei emprend jeu	das lerne ich
oz emprend'ella	heute lernt sie
emprendas ti? / emprendas?	Lernst du?
tgei giavischeis vus? / tgei giavischeis?	Was wünscht ihr?

Es gibt einige unregelmäßige Verben, die in stammbetonten Formen Veränderungen im Stamm gegenüber den endungsbetonten aufweisen. Beachten Sie hierzu: Die Formen des Singular und die 3. Person Plural sind stammbetont, die 1. und 2. Person Plural endungsbetont. Etliche Verben vermeiden die Stammbetonung, indem sie in den entsprechenden Formen die betonte Silbe **-esch-** einfügen:

dumandar	*dumanda*	fragen
jeu damondel	*jäu damåndël*	ich frage
ti damondas	*ti damåndaß*	du fragst
el / ella damonda	*äl / äla damånda*	er / sie fragt
nus dumandein	*nuß, nus dumandein*	wir fragen
vus dumandeis	*wuß, wus dumandeiß*	ihr fragt
els / ellas damondan	*äl(a)ß / äl(a)s damåndan*	sie fragen

encurir	*ëngkuri*	suchen
jeu enquerel	*jäu ëngkuerël*	ich suche
ti enqueras	*ti ëngkueraß*	du suchst
el / ella enquera	*äl / äla ëngkuera*	er / sie ...
nus encurin	*nuß, nus ëngkurin*	wir suchen
vus encuris	*wuß, wus ëngkuriß*	ihr sucht
els / ellas enqueran	*äl(a)ß / äl(a)s ëngkueran*	sie suchen

entscheiver	*ëntscheiwër*	anfangen
jeu entscheivel	*jäu ëntscheiwël*	ich fange an
ti entscheivas	*ti ëntscheiwaß*	du ...

el / ella entscheiva	*äl / äla entscheiwa*	er / sie ...
nus entschevin	*nuß, nus entschëwin*	wir ...
vus entschevis	*wuß, wus entschëwiß*	ihr ...
els / ellas entscheivan	*äl(a)ß / äl(a)s entscheiwan*	sie ...

capir	*kapi*	verstehen
jeu capeschel	*jäu kapeschël*	ich verstehe
ti capeschas	*ti kapeschaß*	du ...
el / ella capescha	*äl / äla kapescha*	er / sie ...
nus capin	*nuß, nus kapin*	wir ...
vus capis	*wuß, wus kapiß*	ihr ...
els / ellas capeschan	*äl(a)ß / äl(a)s kapeschan*	sie ...

Die stammbetonten Formen von **durmir** *durmi* „schlafen“ sind regional unterschiedlich: **jeu diermel** *jäu diermël* neben **jeu dormel** *jäu dårmël.* In manchen Fällen ist die Abweichung nur in der Aussprache festzustellen: **cumprar** *kumpra* „kaufen“, **jeu cumprel** *jäu kùmprël;* **magliar** *milja* „essen“, **jeu magliel** *jäu maljël;* **veser** *wëse* „sehen“, **jeu vesel** *jäu wäsël.* Im folgenden Beispiel würde sich ohne das eingeschobene **-i-** eine falsche Aussprache mit *g* statt mit *dj* ergeben.

leger	*ledjër*	lesen
ella legia	*äla ledja*	sie liest

Nur scheinbar unregelmäßig sind einige Wörter, die ihre Schreibung als Anpassung an die Aussprache verändern. Im nächsten Beispiel ist das eingeschobene **h** nötig, damit sich nicht eine falsche Aussprache mit *schz* ergibt, und ohne den Bindestrich zwischen **s** und **ch** wäre es nur *sch.* Vor **a** schreibt man also ein bisschen anders als vor **e / i,** wenn ein **g** oder ein **c** vorausgeht.

pescar	*päschka*	fischen
jeu pes-chel	*jäu päschkël*	ich fische

dar	*da*	geben
jeu dun(del)	*jäu dùn(dël)*	ich gebe
ti das	*ti daß*	du gibst
el / ella da	*äl / äla da*	er / sie gibt
nus dein	*nuß dein*	wir geben
vus dies	*wuß deiß*	ihr gebt
els / ellas dattan	*älß / älaß datan*	sie geben

dir (*a.:* **gir**)	*di*	sagen
jeu ditgel	*jäu ditjël*	ich sage
ti dis	*ti diß*	du sagst
el / ella di	*äl / äla di*	er / sie sagt
nus schein	*nuß ~~sch~~ein*	wir sagen
vus scheis	*wuß ~~sch~~eiß*	ihr sagt
els / ellas di(a)n	*älß / älaß di(a)n*	sie sagen

(la)schar	*(la)scha*	lassen
jeu lasch	*jäu lasch*	ich lasse
ti lai(a)s	*ti lai(a)ß*	du lässt
el / ella lai	*äl / äla lai*	er / sie lässt
nus schein	*nuß schein*	wir lassen
vus scheis	*wuß scheiß*	ihr lasst
els / ellas lai(a)n	*älß / älaß lai(a)n*	sie lassen

far	*fa*	machen
jeu fetsch	*jäu fetsch*	ich mache
ti fas	*ti faß*	du machst
el / ella fa	*äl / äla fa*	er / sie macht
nus fagein	*nuß fidjein*	wir machen

vus fageis	*wuß fidjeiß*	ihr macht
els / ellas fan	*älß / älaß fan*	sie machen

ir	*i*	gehen
jeu mon	*jäu mån*	ich gehe
ti vas	*ti waß*	du gehst
el / ella va	*äl / äla wa*	er / sie geht
nus mein	*nuß mein*	wir gehen
vus meis	*wuß meiß*	ihr geht
els / ellas van	*älß / älaß wan*	sie gehen

(ve)gnir	*(wë)nji*	kommen
jeu vegn(el)	*jäu wänj(ël)*	ich komme
ti vegn(a)s	*ti wänj(a)ß*	du kommst
el / ella vegn	*äl / äla wänj*	er / sie kommt
nus (ve)gnin	*nuß (wë)njin*	wir kommen
vus (ve)gnis	*wuß (wë)njiß*	ihr kommt
els / ellas vegnan	*älß / älaß wänjan*	sie kommen

Beachten Sie die Ausspracheunterschiede zwischen den jeweiligen Formen von **dir** und **schar** in der 1. und 2. Person Plural. Die Umkehrung **va ei** „geht es“ wird oft zusammengezogen zu **vai** *wai* „geht's“. Wie **vegnir** geht auch **survegnir** *ßurwënji* „bekommen“ (vgl. schweizerdt. „überchoo“).

Bei **ins** „man“ steht gewöhnlich die Singularform: **ins di** „man sagt“, aber in der Umkehrung erhalten Formen auf betonten Vokal zur besseren Aussprechbarkeit ein **-n: quei din ins** „das sagt man“.

Reflexive Verben

Reflexive (rückbezügliche) Verben haben die Vorsilbe **se-,** vor Vokal **s'** oder **ses-,** die in allen Personen unverändert erhalten bleibt („*ich sich-wasche*"):

selavar	*ßëlawa*	sich waschen
jeu selavel	*jäu ßëlawël*	ich ... mich
ti selavas	*ti ßëlawaß*	du ... dich
el / ella selava	*äl(a) ßëlawa*	er / sie ... sich
nus selavein	*nuß ßëlawein*	wir ... uns
vus selaveis	*wuß ßëlaweiß*	ihr ... euch
els / ellas selavan	*äl(a)ß ßëlawan*	sie *(Pl)* ... sich

s'inamurar	*ßinamura*	sich verlieben
jeu s'inamureschel	*jäu ßinamureschël*	ich ... mich
ti s'inamureschas	*ti ßinamureschaß*	du ... dich
el / ella s'inamurescha	*äl(a) ßinamurescha*	er / sie ... sich
nus s'inamurein	*nuß ßinamurein*	wir ... uns
vus s'inamureis	*wuß ßinamureiß*	ihr ... euch
els / ellas s'inamure-schan	*äl(a)ß ßinamure-schan*	sie *(Pl)* ... sich

Auch in der Umkehrung bleibt diese Form erhalten: **lu s'inamureschas ti** „dann verliebst du dich", **leu sesanflan ...** *läu ßëßanflan* „dort finden sich ...". Die rückbezüglichen Formen werden auch bei Wechselseitigkeit (Reziprozität) verwendet: **nus sevesein** *nuß ßëwësein* „wir sehen uns".

Verben in der Vergangenheit

Es gibt im Rätoromanischen zwei häufig verwendete Vergangenheitsstufen: die einfache Vergangenheit („ich wünschte“) und die vollendete Gegenwart („ich habe gewünscht“).

Wenn Sie Französisch oder Italienisch können, haben Sie wahrscheinlich schon eine Vorstellung, wann welche Vergangenheitsform benutzt wird. Und wenn nicht, wird man Sie wohl trotzdem verstehen.

Einfache Vergangenheit

Die einfache Vergangenheit wird verwendet, wenn ein Geschehnis in der Vergangenheit andauert („ich war gerade dabei zu wünschen“). Sie wird mit den stets betonten Silben **-av-** und **-ev-** gebildet.

dumandar	*dumanda*	wünschen
jeu dumandavel	*jäu dumandawël*	ich wünschte
ti dumandavas	*ti dumandawaß*	du wünschtest
el / ella dumandava	*äl(a) dumandawa*	er / sie wünschte
nus dumandavan	*nuß, nus dumandawan*	wir wünschten
vus dumandavas	*wuß, wus dumandawaß*	ihr wünschtet
els / ellas dumandavan	*äl(a)ß, äl(a)s dumandawan*	sie wünschten

valer	*wale*	gelten, wert sein
jeu valevel	*jäu waläwël*	ich galt, war wert
ti valevas	*ti waläwaß*	du galtest

el / ella valeva	*äl(a) waläwa*	er / sie galt
nus valevan	*nuß, nus waläwan*	wir galten
vus valevas	*wuß, wus waläwaß*	ihr galtet
els / ellas valevan	*äl(a)ß, äl(a)s waläwan*	sie galten

capir	*kapi*	fühlen
jeu capevel	*jäu kapäwël*	ich fühlte
ti capevas	*ti kapäwaß*	du fühltest
el / ella capeva	*äl(a) kapäwa*	er / sie fühlte
nus capevan	*nuß, nus kapäwan*	wir fühlten
vus capevas	*wuß, wus kapäwaß*	ihr fühltet
els / ellas capevan	*äl(a)ß, äl(a)s kapäwan*	sie fühlten

emprender	*ëmprändër*	lernen
jeu emprendevel	*jäu ëmpröndäwël*	ich lernte
ti emprendevas	*ti ëmpröndäwaß*	du lerntest
el / ella emprendeva	*äl(a) ëmpröndäwa*	er / sie lernte
nus emprendevan	*nuß, nus ëmpröndäwan*	wir lernten
vus emprendevas	*wuß, wus ëmpröndäwaß*	ihr lerntet
els / ellas emprendevan	*äl(a)ß, äl(a)s ëmpröndäwan*	sie lernten

Die vollendete Gegenwart

Um die vollendete Gegenwart bilden zu können, benötigt man zunächst das Partizip. Es endet bei den **ar**-Verben auf **-au,** bei den übrigen auf **-iu.**

Das Partizip

Um das Partizip zu bilden, wird die Grundform-Endung **-ar** durch **-au**, und die Endungen **-er, -ir** und **-er** durch **-iu** ersetzt.

cumprar	*kumpra*	kaufen
cumprau	*kumprau*	gekauft
valer	*wale*	wert sein
valiu	*waliu*	wert gewesen
capir	*kapi*	fühlen
capiu	*kapiu*	gefühlt
vender	*wendër*	verkaufen
vendiu	*wëndiu*	verkauft

Unregelmäßige Partizipien

Es gibt einige wichtige unregelmäßige Partizipien, die man kennen sollte.

entscheiver	*entscheiwër*	anfangen
entschiet	*ëntschiet*	angefangen
emprender	*ëmprändër*	lernen
empriu	*ëmpriu*	gelernt
dir	*di*	sagen
detg	*detj*	gesagt
murir	*muri*	sterben
miert	*miert*	gestorben (*a.:* tot)

Das Partizip kann wie ein Adjektiv verwendet werden und wird dann auch wie ein solches gebeugt, z. B. **caultschas cumpradas** *kaultschaß kumpradaß* „gekaufte Hosen“.

Partizipien als Adjektive

m Sg		
cumprau(s)	*kumprau(ß)*	gekauft
capiu(s)	*kapiu(ß)*	verstanden
vendiu(s)	*wëndiu(ß)*	verkauft
entschiet, entschats	*ëntschiet, ëntschaz*	angefangen
miert, morts	*miert, mårz*	tot
w Sg		
cumprada	*kumprada*	gekauft
capida	*kapida*	verstanden
vendida	*wëndida*	verkauft
entschatta	*ëntschata*	angefangen
morta	*mårta*	tot
m Pl		
cumprai	*kumprai*	gekauft
capi	*kapi*	verstanden
vendi	*wëndi*	verkauft
entschats	*ëntschaz*	angefangen
morts	*mårz*	tot
w Pl		
cumpradas	*kumpradaß*	gekauft
capidas	*kapidaß*	verstanden
vendidas	*wëndidaß*	verkauft
entschattas	*ëntschataß*	angefangen
mortas	*mårtaß*	tot

Bildung der vollendeten Gegenwart

Die vollendete Gegenwart ist bei den meisten Verben die häufigste Vergangenheitsform. Sie wird wie im Deutschen mit **haver** „haben" oder **esser** „sein" und dem Partizip gebildet. Nach **esser** wird das Partizip in Geschlecht und Zahl verändert, nach **haver** ist es unveränderlich.

Wird die vollendete Gegenwart mit dem Hilfsverb **esser** gebildet, müssen Sie sich entscheiden: Ist die handelnde Person (das Subjekt) männlich oder weiblich? Im ersteren Fall wählen Sie die männliche Form des Partizips (vor dem Schrägstrich), im zweiteren die weibliche (nach dem Schrägstrich).

cumprar	*kumpra*	kaufen
jeu vai cumprau	*jäu wai kumprau*	ich habe gekauft
ti has cumprau	*ti aß kumprau*	du hast gekauft
el ha cumprau	*äl a kumprau*	er hat gekauft
ella ha cumprau	*äla a kumprau*	sie hat ...
(ei) ei ha cumprau	*ei a kumprau*	es hat ...
ins ha cumprau	*inß a kumprau*	man hat ...
nus vein cumprau	*nuß, nus wein kumprau*	wir haben ...
vus veis cumprau	*wuß, wus weiß kumprau*	ihr habt ...
els han cumprau	*älß an kumprau*	sie haben ...
ellas han cumprau	*älaß an kumprau*	sie haben ...

entrar	*ëntra*	eintreten
jeu sun entraus / entrada	*jäu ßun ëntrauß / ëntrada*	ich bin eingetreten
ti eis entraus / entrada	*ti eis'ëntraus / ëntrada*	du bist ...
el ei entraus	*äl ei ëntrauß*	er ist ...

ella ei entrada	*äla ei ëntrada*	sie ist ...
(ei) igl ei entrau	*ilj ei ëntrau*	es ist ...
ins ei entraus	*inß ei ëntrauß*	man ist ...
nus essan entrai / entradas	*nuß, nus äßan ëntrai / ëntradaß*	wir sind ...
vus essas entrai / entradas	*wuß, wus äßas'ëntrai / ëntradaß*	ihr seid ...
els ein entrai	*älß ein ëntrai*	sie sind ...
ellas ein entradas	*älaß ein ëntradaß*	sie sind ...

Anders als im Deutschen (und auch anders als im übrigen Bündnerromanischen) wird im Surselvischen bei rückbezüglichen Verben **esser** eingesetzt. Achtung: Das Partizip richtet sich in Geschlecht und Zahl nach der handelnden Person (Subjekt):

jeu sun s'inamuraus
jäu ßun ßinamurauß
ich bin sich-verliebt(m)
ich habe mich verliebt
(sagt ein Mann)

jeu sun s'inamurada
jäu ßun ßinamurada
ich bin sich-verliebte(w)
ich habe mich verliebt
(sagt eine Frau)

Tipp: Bei unregelmäßigen Verben lässt sich die Vergangenheit meistens von der 1. und 2. Person Plural der Gegenwart ableiten (wobei aber nicht immer klar ist, ob es **-avel** oder **-evel** heißt):

dir (sagen)	**nus schein**	wir sagen
	jeu schevel	ich sagte
laschar (lassen)	**nus schein**	wir lassen
	jeu schavel	ich ließ
ir (gehen)	**nus mein**	wir gehen
	jeu mavel	ich ging

Zukunft

Die Zukunft wird mit **vegnir a(d)** „kommen zu“ + dem gewünschten Verb in der Grundform gebildet:

jeu vegn(el) a cumprar
jäu wänj(ël) a kumpra
ich komme zu kaufen
ich werde kaufen

ti vegnas a cumprar
ti wänjas'a kumpra
du wirst kaufen

el / ella vegn a cumprar
äl(a) wänj a kumpra
er / sie wird kaufen

nus vegnin a cumprar
nuß wënjin a kumpra
wir werden kaufen

vus vegnis a cumprar
wuß wënjiß a kumpra
ihr werdet kaufen

els / ellas vegnan a cumprar
äl(a)ß wänjan a kumpra
sie werden kaufen

Konjunktiv und Konditional

Die Möglichkeitsform der Gegenwart wird verwendet, um einen nicht adressierten Wunsch auszudrücken, z. B. **ch'ei plovi** *k'ei plåwi* „möge es regnen“. Auch in anderen Wendungen kommt sie vor. Sie brauchen sie nicht aktiv zu kennen, Sie sollten nur darauf gefasst sein, dass Ihnen manchmal Formen mit **i** begegnen, wo Sie **a** erwarten würden.

Die Bedingungsform, z. B. **jeu cumprass** „ich würde kaufen“, wird mit der (betonten) Silbe **-ass- / -ess-** gebildet. Aktiv verwenden sollten Sie die Formen von **vuler** „wollen“, da sie als höflicher Wunsch verwendet werden, z. B. **jeu less** „ich möchte“ (s. Kap. „Modalverben“).

Adverbien

In der Umgangssprache wird zwischen Adjektiv (Eigenschaftswort) und Adverb (Umstandswort) nicht unterschieden. Wie im Deutschen, so können auch im Bündnerromanischen insbesondere in der Umgangssprache Adjektive auch als Adverbien verwendet werden:

jeu mon spert
jäu mån schpärt
ich gehe schnell
ich gehe schnell

fai schi bien
fai schi bien
mach so gut
bitte *(Du-Form)*

Für „gut“ gibt es alternativ allerdings auch **bein:**

quei has ti fatg bein
kuei aß ti fatj bein
das hast du gemacht gut
das hast du gut gemacht

Die Bildung von Adverbien mit der (meist unbetonten) Endung **-mein** an der weiblichen Form der Adjektive ist in der Umgangssprache nicht so verbreitet wie in der Schriftsprache. Zu nennen sind **naturalmein** *naturalmein* „natürlich, selbstverständlich“, und mit besonderer Bedeutung **bunamein** *bunamein* „fast“.

Modalverben

Die Verben **vuler** „wollen", **saver** „können" (auch „wissen"), **stuer** „müssen" und **duer** „sollen" sind unregelmäßige Verben und können wie die deutschen Modalverben mit einem zweiten Verb, das dann in der Grundform steht, verbunden werden:

vuler	*wule*
jeu vi	*jäu wi*
ti vuls, vul(as)	*ti wùlß, wùl(aß)*
el / ella vul	*äl(a) wùl*
nus lein	*nuß lein*
vus leis	*wuß leiß*
els / ellas vulan	*äl(a)ß wùlan*

saver	*ßawe*
jeu sai	*jäu ßai*
ti sas	*ti ßaß*
el / ella sa	*äl(a) ßa*
nus savein	*nuß ßawein*
vus saveis	*wuß ßaweiß*
els / ellas san	*äl(a)ß ßan*

stuer	*schtu-e*
jeu stoi	*jäu schtåi*
ti stos	*ti schtåß*
el / ella sto	*äl(a) schtå*
nus stuein	*nuß schtu-ein*
vus stueis	*wuß schtu-eiß*
els / ellas ston	*äl(a)ß schtån*

duer	*du-e*
jeu d(u)ei	*jäu d(u-)ei*
ti d(u)eis	*ti d(u-)eiß*
el / ella d(u)ei	*äl(a) d(u-)ei*
nus d(u)ein	*nuß d(u-)ein*
vus d(u)eis	*wuß d(u-)eiß*
els / ellas d(u)ein	*äl(a)ß d(u-)ein*

Jeu sai sunar piano.
jäu ßai ßuna piano
ich kann tönen Klavier
Ich kann Klavier spielen.

Jeu stoi ir.
jäu schtåi i
ich muss gehen
Ich muss gehen.

Um einen höflichen Wunsch auszudrücken, verwenden Sie am besten die Bedingungsform von **vuler,** die exakt dem deutschen „möchte" entspricht.

jeu less	*jäu läß*	ich möchte
ti lesses	*ti läßëß*	du möchtest
el / ella less	*äl(a) äla läß*	er / sie möchte
nus lessen	*nuß läßën*	wir möchten
vus lesses	*wuß läßëß*	ihr möchtet
els / ellas lessen	*äl(a) läßën*	sie möchten

Die Vergangenheit können Sie ganz regelmäßig (wie im Kap. „Verben" gezeigt) bilden. Neben **jeu vulevel** für „ich wollte, ich möchte" wird Ihnen häufig die Kurzform **jeu level** usw. begegnen, neben **jeu duevel** „ich sollte" auch **jeu devel.** Das Verb **giavischar** *djawischa* „wünschen" ist regelmäßig.

Verneinen

Das Verneinen dürfte Ihnen keine großen Schwierigkeiten bereiten. Das Wort **na** *na* heißt „nein" als Antwort auf eine Frage und wird im Surselvischen nur noch ausnahmsweise auch für „nicht" benutzt. Für „nicht" sagt man **buc** *bùk* und ohne Unterschied auch **buca** *bùka* (selten verkürzt zu **ca** *ka*). Die Stellung entspricht meistens der des deutschen „nicht": **quei sai jeu buc** *kuei ßai jäu bùk* „das weiß ich nicht". Verneinte unbestimmte Pronomen sind **negin** *nëdjin* „kein, niemand", **nuot** *nuot* „nichts", **mai** *mai* „nie". Sie werden wie im Deutschen benutzt:

Jeu vesel nuot.
jäu wäsël nuot
ich sehe nichts
Ich sehe nichts.

Quei vegn jeu mai a far pli.
kuei wänj jäu mai a far pli
jenes komme ich nie zu tun mehr
Das werde ich nie mehr tun.

Präpositionen

Präpositionen (Verhältniswörter) stehen wie im Deutschen vor dem Wort, auf das sie sich beziehen.

a / ad	*a(d)*	zu
da / dad	*da(d)*	von
en	*än*	in
sin	*ßin*	auf
sur	*sur*	über
sut	*sùt*	unter
per	*pär*	für

cun	*kun*	mit
senza	*ßänza*	ohne
tier	*tier*	bei, zu

Die Präpositionen **sur** und **sut** werden mit stimmhaftem „s“ *(s)* gesprochen. Wenn sie Teile geografischer Eigennamen sind, hat sich jedoch die Aussprache mit stimmlosem „s“ *(ß)* eingebürgert, also **Surselva** *ßurßälwa,* **Sutselva** *ßuzälwa.* Einige Präpositionen verschmelzen mit den Artikeln:

Präpositionen und Artikel

	+	il	igl	la	l’	ils	las
a	→	**al**	**agl**	**alla**	**all’**	**als**	**allas**
da	→	**dil**	**digl**	**dalla**	**dall’**	**dals**	**dallas**
en	→	**el**	**egl**	**ella**	**ell’**	**els**	**ellas**
sin	→	**sil**	**sigl**	**silla**	**sill’**	**sils**	**sillas**
per	→	**pil**	**pigl**	**per la**	**per l’**	**pils**	**per las**
cun	→	**cul**	**cugl**	**culla**	**cull’**	**culs**	**cullas**
tier	→	**tiel**	**tiegl**	**tiella**	**tiell’**	**tiels**	**tiellas**

In etwas älterer Literatur und in Inschriften kann Ihnen **de** neben dem heutigen **da** für „von“ begegnen, die früher unterschieden wurden (mit Artikel **dil, della** gegenüber **dal, dalla**), aber mittlerweile verschmolzen sind. Falls Sie Italienisch können, ist Ihnen der ursprüngliche Unterschied vertraut.

Oft entfällt nach Präpositionen der Artikel, wo er im Deutschen steht.

ad alp	*ad’alp*	*zu Alp*	zur Alp
sin tiara	*ßin tiara*	*auf Erde*	auf der Erde

Das Wort **sin** wird auch im Sinn von „oben in“ verwendet und steht dann im Gegensatz zu **giun** *djun* „unten in“. Wenn z. B. der Stall am Hang höher liegt als die Hütte, sagt man von der Hütte aus **sin stalla** *ßin schtala* für „im Stall“, vom Stall aus **giun tegia** *djun tedja* für „in der Hütte“.

Bei Ortsangaben wird gewöhnlich nicht zwischen „wo“ und „wohin“ unterschieden. Die Unterscheidung zwischen **a** und **en** ist zunächst etwas gewöhnungsbedürftig, sofern Sie nicht Französisch oder Italienisch können: Bei Ortsnamen steht **a,** bei Ländernamen dagegen **en:**

a Glion	*a ljån*	in / nach Ilanz
a Turitg	*a turitj*	in / nach Zürich
en Svizra	*än schwizra*	in der / die Schweiz
en Tiaratudestga	*än tiaratudäschtja*	in / nach Deutschland

Beachten Sie besonders den folgenden Unterschied:

el marcau	*äl markau*	in der / die Stadt
a marcau	*a markau*	auf dem / den Markt

Konjunktionen

Die sicher wichtigste Konjunktion (Bindewort) „und“ heißt auf Surselvisch **e,** unbetont *ë* gesprochen. Vor einem Vokal sagt man zur besseren Aussprechbarkeit in aller Regel **ed,** oft auch vor **j:**

ella ed el
äla ëd'äl
sie und er

ti ed jeu
ti ëd'jäu
du und ich

ni	*ni*	oder
u	*u*	oder *(seltener benutzt)*
u ... ni	*u ... ni*	entweder ... oder
ni ... ni	*ni ... ni*	weder ... noch
che	*kë*	dass, als *(bei Vergleichen)*
perquei que	*përkuei kë*	weil *darum dass*
sco	*schkå*	wie *(bei Vergleichen)*, als *(in der Eigenschaft)*
mo, aber	*må, abër*	aber
mobein	*måbein*	sondern

Che und **sco** werden vor Vokal meist zu **ch'** und **sc'**.

> **Jeu sun staunchels / stauncla sc'in tgaun.**
> *jäu ßun schtäungkëlß / schtäungkla schk'in tjäun*
> *ich bin müde(m/w) wie'ein Hund*
> Ich bin hundemüde. *(sagt Mann / Frau)*

Che dient auch als bezügliches Fürwort (Relativpronomen). **Che jeu** kann auch zu **ch'jeu** *[k'jäu]* verkürzt werden.

> **tuts carstgauns che tschontschan romontsch**
> *tùz karschtjäunß kë tschåntschan råmåntsch*
> *alle Menschen was sprechen Rätoromanisch*
> alle Menschen, die Rätoromanisch sprechen

> **il latg che jeu vai cumprau ier**
> *il latj kë jäu wai kumprau ier*
> *der Milch was ich habe gekauft gestern*
> die Milch, die ich gestern gekauft habe

Für „aber" gibt es **mo,** das aber auch „nur" heißt. Zur Vermeidung von Missverständnissen hat sich in der Umgangssprache das deutsche Wort **aber** eingebürgert.

Fragen

Wie im Deutschen unterscheidet man Entscheidungsfragen – also Fragen, auf die man nur mit Ja oder Nein antworten kann – und Ergänzungsfragen, auf die man nur mit einem vollständigen Satz (bzw. einem Satzteil) antworten kann und die mit konkreten Fragewörtern gebildet werden.

Entscheidungsfragen

Entscheidungsfragen werden wie im Deutschen durch Umstellung von Satzgegenstand und Verb gebildet.

El ei malsauns.	**Eis el malsauns?**
äl ei malßäunß	*eis'äl malßäunß*
Er ist krank.	Ist er krank?

Die Antworten darauf können **gie** *dje* „ja" oder **na** *na* „nein" lauten. Auf eine verneinende Frage antwortet man mit **bein** *bein* „doch" (schweizerdt. „mol"):

Vegn el buc?	**Na.**	**Bein.**
wänj äl bùk	*na*	*bein*
kommt er nicht	*nein*	*doch*
Kommt er nicht?	Nein.	Doch.

Das indirekte Fragewort „ob" lautet **sche.**

Saveis Vus, sche quei ei pusseivel?
ßaweiß wuß, sche kuei ei pußeiwël
wisst ihr ob dieses ist möglich
Wissen Sie, ob das möglich ist?

Fragewörter

Die Fragewörter stehen wie im Deutschen am Satzanfang. Auch die Wortstellung im Satz entspricht bis auf einige Kleinigkeiten der Wortstellung im deutschen Satz. Verstehen wird man Sie aber auch mit einer „deutschen" Satzstellung.

Das Fragewort **tgi** verhält sich hinsichtlich der Fälle wie ein Nomen: **da tgi** „wessen", **a tgi** „wem".

tgei?	*tjei*	was?
tgi?	*tji*	wer?, wen?
cu?	*ku*	wann?
nua?	*nu-a*	wo?, wohin?
danunder?	*danùnder*	woher?
pertgei?	*pärtjei*	warum?
co?	*kå*	wie?
con(ta)? *(Sg)*	*kån(ta)*	wie viel? *(m/w)*
con(ta)s? *(Pl)*	*kån(ta)ß*	wie viele? *(m/w Pl)*
con ditg?	*kån ditj*	wie lange?

Tgei vul ti far?
tjei wùl ti fa
was willst du tun
Was willst du tun?

Tgi ha ditg quei?
tji a ditj kuei
wer hat gesagt dieses
Wer hat das gesagt?

Wer?, wessen?, wem? und wen?

Auf die Fragen „wer“ und „wen“ stehen die Nomen ohne Präposition. Auf die Frage „wessen“ antwortet man mit der Präposition **da** „von“, auf die Frage „wem“ mit **a** „zu“. Diese Präpositionen verschmelzen mit den Artikeln:

		Sg		**Pl**	
wer? / wen?	*m*	**il, igl, gl'**	der / den	**ils**	die
	w	**la, l'**	die	**las**	die
wessen?	*m*	**dil, digl**	des	**dils**	der
	w	**dalla, dall'**	der	**dallas**	der
wem?	*m*	**al, agl**	dem	**dals**	den
	w	**alla, all'**	der	**dallas**	den

Tgi va naven?
tji wa nawän
wer geht weg
Wer geht weg?

La mumma ed il bab van naven.
la mùma ëd'il bap wan nawän
die Mutter und der Vater gehen weg
Die Mutter und der Vater gehen weg.

Da tgi ei quella casa?
da tji ei kuela kasa
von wer ist diese Haus
Wessen Haus ist das?

Quei ei la casa dalla mumma e dil bab.
kuei ei la kasa dala mùma ë dil bap
jenes ist die Haus von-die Mutter und von-der Vater
Das ist das Haus der Mutter und des Vaters.

A tgi das ti ei? *a tji daß ti ei* *zu wer gibst du es* Wem gibst du es?	**Jeu dundel ei alla mumma ed al bab.** *jäu dùndël ei ala mùma ëd'al bap* *ich gebe es zu-die Mutter und zu-der Vater* Ich gebe es der Mutter und dem Vater.
Tgi vesas ti? *tji wäsaß ti* *wer siehst du* Wen siehst du?	**Jeu vesel la mumma ed il bab.** *jäu wäsël la mùma ëd'il bap* *ich sehe die Mutter und der Vater* Ich sehe die Mutter und den Vater.

Vor Vokal wird **a** zu **ad, da** zu **d'** oder zu **dad.** Als Faustregel können Sie sich merken: Wenn im Deutschen eine Zusammensetzung steht, sagt man meist **d',** sonst eher **dad.**

Eine Reihe Fragewörter können durch die Vorsilbe **(en)za-** zu unbestimmten Fürwörtern (Indefinitpronomen) umgeformt werden:

Unbestimmte Pronomen

(en)zaco	*(än)zakå*	irgendwie
(en)zatgi	*(än)zitji*	jemand
(en)zatgei	*(än)zitjei*	etwas

In der Umgangssprache hört man beispielsweise auch **irgend enzatgei** *irgën änzitjei* „irgendetwas".

Indirekte Fragen

In indirekten Fragen folgt dem Fragewort ein **che** „dass" (ähnlich wie im Alemannischen):

Saveis Vus dir a mi nua che la staziun ei?
ßaweiß wuß di ami nu-a kë la schtaziun ei
könnt ihr sagen zu mir wo dass die Bahnhof ist
Können Sie mir sagen, wo der Bahnhof ist?

Auffordern und Befehlen

Die Befehlsform (Imperativ) bildet man bei regelmäßigen Verben von der 2. Person Singular („du") und Plural („ihr, Sie") durch das Weglassen des Schluss-**s:**

ti contas	*ti kåntaß*	du singst
conta!	*kånta*	sing!
vus canteis	*wuß kanteiß*	ihr singt
cantei!	*kantei*	singt!, singen Sie!

Unregelmäßigkeiten gibt es im Singular, vgl. die 2. Pers. Singular mit der Befehlsform:

dar	geben	**ti das**	↔	**dai!**	*dai*	gib!
far	machen	**ti fas**	↔	**fai!**	*fai*	mach!
vegnir	kommen	**ti vegnas**	↔	**neu!**	*näu*	komm!

Das Wort **neu** heißt eigentlich „herbei“ und wird auch manchmal im Plural statt **(ve)gni** im Sinn von „kommt“ verwendet.

Rückbezügliche Verben behalten auch in der Befehlsform ihre Vorsilbe **se-**:

Reflexive (rückbezügliche) Verben

selavar	*ßëlawa*	sich waschen
selava!	*ßëlawa*	wasch dich!
selegrar	*ßëlëgra*	sich freuen
selegrei!	*ßëlëgrei*	freut euch!, freuen Sie sich!

Verbote, d. h. verneinte Befehle, werden mit bevorzugt vorangestelltem **buc** formuliert:

Verbote

emblidar	*ëmblida*	vergessen
buc emblida!	*bùk ëmblida*	vergiss nicht!
s'inamurar	*ßinamura*	sich verlieben
buc s'inamurescha!	*bùk ßinamurescha*	verlieb dich nicht!

Zahlen und Zählen

Zahlwörter sind wie im Englischen oder Italienischen so aufgebaut, dass man von der größten Einheit bis zur kleinsten geht, also 4283 „vier-tausend-zwei-hundert-achtzig-drei“.

Die Zahlwörter „eins“ und „zwei“ haben jeweils eine männliche und eine weibliche Form, die sich nach dem zugehörigen Nomen richten. Beim Zählen werden die männlichen Formen benutzt: **in, dus, treis ...**

0	**nul**	*nul*
1	**in** *(m)*, **ina** *(w)*	*in, ina*
2	**dus** *(m)*, **duas** *(w)*	*duß, du-aß*
3	**treis**	*treiß*
4	**quater**	*kuatër*
5	**tschun**	*tschun*
6	**sis**	*ßiß*
7	**siat**	*ßiat*
8	**otg**	*åtj*
9	**nov**	*nåf*

10	**diesch**	*diesch*
11	**endisch**	*endisch*
12	**dudisch**	*dùdisch*
13	**tredisch**	*trädisch*
14	**quitordisch**	*kuitårdisch*
15	**quendisch**	*kuendisch*
16	**sedisch**	*ßädisch*
17	**gissiat**	*djißiat*
18	**schotg**	*~~sch~~åtj*
19	**scheniv**	*~~sch~~änif*

dus buobs
duß buoz
zwei Knaben

duas buobas
du-aß buobaß
zwei Mädchen

Bei den höheren Zahlen stehen die Einer nach den Zehnern. Hierbei wird **vegn** zu **ventga**, vor Vokal zu **ventg**, die höheren Zehner verlieren vor Vokal ihr **-a**. Auch in den zusammengesetzten Zahlen gibt es für „eins" und „zwei" jeweils eine männliche und eine weibliche Form.

20	**vegn**	*wänj*
21	**ventgin** *(m), zwanzig-eins(m),* **ventgina** *(w), zwanzig-eins(w)*	*wäntjin(a)*
22	**ventgadus** *(m), zwanzig-zwei(m),* **ventgaduas** *(w), zwanzig-zwei(w)*	*wäntjadu(a)ß*
23	**ventgatreis** *zwanzig-drei*	*wäntjatreiß*

30	**trenta**	*tränta*
31	**trentin(a)**	*träntin(a)*
32	**trentadu(a)s**	*träntadu(a)ß*
32	**trentatreis**	*träntatreiß*
40	**curonta**	*kurånta*

50	**tschunconta**	*tschungkånta*
60	**sissonta**	*ßißånta*
70	**siatonta**	*ßiatånta*
80	**otgonta**	*åtjånta*
90	**navonta**	*nawånta*

Die Hunderter werden mit **tschien** (hundert) und dem vorangestellten Einer gebildet. Ab 400 sind die Hunderter ganz regelmäßig zusammengesetzt.

100	**tschien**	*tschien*
200	**duatschien** *zwei-hundert*	*du-atschien*
300	**treitschien** *drei-hundert*	*treitschien*
400	**quatertschien** *vier-hundert*	*kuatërtschien*

Die Tausender werden wie die Hunderter mit einem vorangestellten Einer zusammengesetzt.

1000	**melli**	*meli*
2000	**duamelli** *zwei-tausend*	*du-ameli*
3000	**treimelli** *drei-tausend*	*treimeli*
1.000.000	**in milliun**	*in miliun*
1.000.000.000	**ina milliarda**	*ina miliarda*

Die zusammengesetzten Zahlwörter enthalten nach den Hunderten außerdem noch das Element **e(d)** „und“, allerdings nur vor den Zahlen von 1 bis 20 und vor den vollen Zehnern.

> **duatschienetschun melli siattschienotgontanov**
> *zwei-hundert-und-fünf tausend sieben-hundert-achtzig-neun*
> (205.789)

Ordnungszahlen

Die Ordnungszahlen werden aus den Grundzahlen durch Anhängen von männlich **-avel,** weiblich **-avla** gebildet. Unregelmäßig sind 1. bis 4.:

1.	**emprem, emprema**	*ëmprem(a)*
2.	**secund, secunda**	*ßëkün(da)*
3.	**tierz, tiarza**	*tierz, tiarza*
4.	**quart, quarta**	*kuart(a)*
5.	**tschunavel, tschunavla**	*tschunawël, -awla*
6.	**sisavel, -avla**	*ßisawël, -awla*
7.	**siatavel, -avla**	*ßiatawël, -awla*
8.	**otgavel, -avla**	*åtjawël, -awla*

9.	**novavel, -avla**	*nåwawël, -awla*
10.	**dieschavel, -avla**	*dieschawël, -awla*

Die Ordnungszahlen richten sich wie Adjektive in Geschlecht und Anzahl nach dem Nomen, auf das sie sich beziehen.

igl emprem fegl	**l'emprema feglia**	**ils emprems affons**
ilj ëmprem felj	*l'ëmprema felja*	*ils'ëmpremß afånß*
der erste Sohn	*die'erste(w) Tochter*	die ersten Kinder
der erste Sohn	die erste Tochter	

Einmal, zweimal ...

Um „einmal", „zweimal" usw. auszudrücken, stellt man die Grundzahl „eins" vor **gada** *gada*, ab „zwei" (dann nicht mehr zusammengeschrieben) vor **gadas.** Da **gada** ein weibliches Wort ist, wird die weibliche Form des Einers verwendet. **Gada** wie **gadas** werden oft zu **ga** verkürzt:

inagada, inaga	**duas gadas, duas ga**
eins(w)-Mal	*zwei(w) Male*
einmal	zweimal

Zeit und Datum

Während die Schweizer allgemein im Ruf stehen, genau zu sein, kann es bei der Bündner Landbevölkerung gut passieren, dass Zeitangaben nicht so exakt eingehalten werden.

Tageszeiten

la damaun	*damäun*	Morgen; am Morgen
igl avonmiezdi	*awånmiedsdi*	Vormittag
il miezdi	*miedsdi*	Mittag
il suentermiezdi	*ßu-äntërmiedsdi*	Nachmittag
la sera	*ßera*	Abend; am Abend
la notg	*nåtj*	Nacht
da miezdi *(von Mittag)*	*da miedsdi*	am Mittag
da notg *(von Nacht)*	*da nåtj*	in der Nacht
ier sera	*ier ßera*	gestern Abend
oz sera	*åz ßera*	heute Abend
ier endamaun *gestern in-Morgen*	*ier ëndamäun*	gestern Morgen
oz endamaun *heute in-Morgen*	*åz ëmdamäun*	heute Morgen
damaun marvegl *morgen früh*	*damäun marwälj*	morgen früh

Uhrzeit

Die ganzen Stunden werden durch die Grundzahl plus weiblichem Artikel ausgedrückt, weil das Wort für „Uhr“, nämlich **ura,** weiblich ist.

Saveis Vus dir a mi tgei uras ch'igl ei?
ßaweiß wuß di a mi tjei ùraß k'ilj ei
könnt ihr sagen zu mir was Stunden dass'es ist
Können Sie mir sagen, wie spät es ist?

Tgei uras eisi?
tjei ùraß eisi
was Stunden ist-es
Wie spät ist es?

Igl ei ...
ilj ei ...
es ist ...
Es ist ...

Volle Stunden

l'ina	*lina*	*die(Sg)'eine(w)*	ein Uhr
las duas	*las'du-aß*	*die(wPl) zwei(wPl)*	zwei Uhr
las treis	*laß treiß*	*die(wPl) drei*	drei Uhr
las quater	*laß kuatër*	*die(wPl) vier*	vier Uhr

Viertel- und halbe Stunden

Für die Viertelstunden vor einer vollen Stunde geht man immer von der nächsten vollen Stunde aus, für die Viertelstunden nach einer vollen Stunde immer von der vorherigen. Für halbe Stunden kann man von der vorherigen oder von der folgenden ganzen Stunde ausgehen.

Igl ei in quart dallas duas / avon las duas.
ilj ei in kuart dalas'du-aß / awån las'du-aß
es ist ein Viertel von-die(wPl) zwei(wPl) / vor die(wPl) zwei(wPl)
Es ist Viertel vor zwei.

Igl ei las duas meins in quart.
ilj ei las'du-aß meinß in kuart
es ist die(wPl) zwei(w) minus ein Viertel
Es ist Viertel vor zwei.

Igl ei in quart vargau / suenter las tschun.
ilj ei in kuart wargau / ßuäntër laß tschun
es ist ein Viertel vorbei / nach die(wPl) fünf
Es ist Viertel nach fünf.

mesa las treis
mäsa laß treiß
halb die(wPl) drei
halb drei

las duas e mesa
las'du-as'ë mäsa
die(wPl) zwei(w) und halb
halb drei

Monatsnamen

schaner	*schanä*	Januar
fevrer	*fëwrä*	Februar
mars	*marß*	März
avrel	*awräl*	April
matg	*matj*	Mai
zercladur	*zärkladur*	Juni
fenadur	*fënadur*	Juli
uost	*uoscht*	August
settember	*ßätämbër*	September
october	*åktåbër*	Oktober
november	*nowämbër*	November
december	*dezämbër*	Dezember

Typisch bündnerromanisch sind die Namen für Juni und Juli, abgeleitet von **zerclar** „jäten“ und **fenar** „heuen“. Nur im Engadinischen werden Namen benutzt, die mit den deutschen (und v. a. italienischen) eine gewisse Ähnlichkeit haben.

Datum

Für das Datum braucht man die männliche Grundzahl plus den männlichen Artikel im Plural. Lediglich bei jedem Ersten eines Monats wird wie im Deutschen die Ordnungszahl gewählt.

igl emprem d'uost
ilj ëmprem d'uoscht
der erste von'August
der erste August
(Schweizer Nationalfeiertag)

ils quater da november
ilß kuatër da nowämbër
die(mPl) vier von November
der vierte November

Jahreszahlen können Sie mit den Grundzahlen ausdrücken, wobei neben „neunzehnhundert“ auch „tausendneunhundert“ gesagt wird:

1963
schenivtschiensissontatreis
neunzehn-hundert-sechzig-drei
(oder:)
mellinovtschiensissontatreis
tausend-neun-hundert-sechzig-drei

Wochentage

la jamna	*la jamna*	die Woche
il di	*di*	der Tag
gliendisdis	*ljendi~~sch~~diß*	Montag
mardis	*mardiß*	Dienstag
mesjamna *halbe-Woche*	*mesjamna*	Mittwoch
gievgia	*djiewdja*	Donnerstag

venderdis	*wendërdiß*	Freitag
sonda	*ßånda*	Samstag
dumengia	*dumendja*	Sonntag

Die Wochentagsnamen auf **-dis** können Ihnen mancherorts mit **-g-** begegnen, z. B. **margis** *[mardjiß]*.

Beachten Sie: Für den Zeitraum von zwei Wochen (also ca. 14 Tage) sagt man wörtlich „fünfzehn Tage".

quendisch dis *fünfzehn Tage*	*kuendi~~sch~~'diß*	zwei Wochen, vierzehn Tage

Maße und Mengen

Die Maßeinheiten sind im Rätoromanischen im Wesentlichen dieselben wie im Deutschen. Deshalb werden Sie die meisten natürlich auf Anhieb verstehen.

Alle Mengeneinheiten erhalten im Plural ein **-s,** z. B. **treis tozzels** „drei Dutzend".

il liter	*litër*	Liter
il deci	*dezi*	Deziliter (1/10 l)
il kilo, il kilogram	*kilo, kilogram*	Kilogramm
il gram	*gram*	Gramm
il meter	*metër*	Meter
il centimeter	*zäntimetër*	Zentimeter
il tozzel	*tåzël*	Dutzend

Was Sie aus Deutschland nicht kennen, vielleicht aber aus der deutschen Schweiz, ist **deci** „Deziliter“. Man bestellt in einem Schweizer Restaurant nicht wie in Deutschland „0,2 Liter Wein“, sondern „zwei Dezi Wein“, also **dus decis vin** *dus'deziß win.*

Für den Fall, dass Sie aus Österreich stammen: Das Wort „Dekagramm“ ist in der Schweiz nicht üblich, rechnen Sie um in Gramm, also nicht „fünf Dekagramm“, sondern „fünfzig Gramm“: **tschunconta grams.**

bia	*bia*	viel
memia	*memia*	zu viel
pli	*pli*	mehr
pauc	*pauk*	wenig
meins	*meinß*	weniger
empau	*ëmpau*	ein bisschen
empau dapli	*ëmpau dapli*	etwas mehr

Bergpanorama bei Disentis

Rätoromanisch sprechen

Wörter, die weiterhelfen

Für die folgenden Floskeln und Lückensätze benötigen Sie keine Grammatikkenntnisse. Setzen Sie einfach passende Wörter aus den Wörterlisten ein und ergänzen Sie den richtigen Artikel.

Nua anflel jeu ... ?
nu-a anflël jäu ...
wo finde ich ...
Wo finde ich ... ?

Jeu enquerel ...
jäu ëngkuerël ...
ich suche ...
Ich suche ...

la plazza fiera	*la plaza fiera*	den Marktplatz
in'apoteca	*in'apoteka*	eine Apotheke
in miedi	*in miedi*	einen Arzt
in caffè	*in kafä*	ein Café
in restaurant	*in räschtaurant*	ein Restaurant
la staziun	*la schtaziun*	den Bahnhof
in taxi	*in taxi*	ein Taxi
l'informaziun turistica	*l'infårmaziun turischtika*	die Touristeninformation

Nua san ins cumprar ... ?
nu-a ßan inß kumpra ...
wo können man kaufen ...
Wo kann man ... kaufen?

Veis Vus ... ?
weiß wuß ...
habt ihr ...
Haben Sie ... ?

Gie, vai jeu.
dje, wai jäu
Ja, habe ich.

Na, vai jeu buc.
na, wai jäu bùk
Nein, habe ich nicht.

Nua veis Vus ... ?
nu-a weiß wuß ...
wo habt ihr ...
Wo haben Sie ... ?

Jeu drovel ...
jäu dråwël ...
ich brauche ...
Ich brauche ...

Nua eisi ... ?
nu-a eisi ...
wo ist-es ...
Wo gibt es ... ?

Saveis Vus mussar a mi ... ?
ßaweiß wuß mußa a mi ...
könnt ihr zeigen zu mir ...
Können Sie mir ... zeigen?

gie	*dje*	ja
na	*na*	nein
fai schi bien	*fai schi bien*	bitte *(bitten um u. anbieten, Du-Form)*
fagei schi bien	*fidjei schi bien*	bitte *(bitten um u. anbieten, Sie-Form)*

Engraziel.	*ënggraziël*	Danke.
Anzi.	*anzi*	Bitte. *(Antwort auf Danke)*
Perstgisei!	*pärschtjisei*	Entschuldigen Sie!

Nichts verstanden?

Tgei?
tjei
Wie bitte?

Tgei dis? – Tgei scheis?
tjei diß – tjei ~~sch~~eiß
Was sagst du? – Was sagt ihr / sagen Sie?

Jeu vai (buc) capiu quei.
jäu wai (bùk) kapiu kuei
Ich habe das (nicht) verstanden.

Co din ins quei sin romontsch?
kå din inß kuei ßin råmåntsch
Wie sagt man das auf Rätoromanisch?

... sin tudestg	*... ßin tudäschtj*	... auf Deutsch
... sin talian	*... ßin talian*	... auf Italienisch
... sin franzos	*... ßin franzåß*	... auf Französisch

Tgei significhescha ... ?
tjei ßinjifikescha ...
Was bedeutet „...“ ?

Quei significhescha ... .
kuei ßinjifikescha ...
Das bedeutet / heißt „...“.

Jeu discuorel mo pauc romontsch.
jäu dischkuorël må pauk råmåntsch
Ich spreche nur wenig Rätoromanisch.

Tschontscha empau pli plaun, fai schi bien.
tschåntscha ëmpau pli pläun fai schi bien
Sprich bitte etwas langsamer.

Tschintschei empau pli plaun, fagei schi bien.
tschintschei ëmpau pli pläun fidjei schi bien
Sprechen Sie bitte etwas langsamer.

Saveis vus scriver quei per mei?
ßaweiß wuß schkriwër kuei për mei
Können Sie mir das aufschreiben?

Kurz-Knigge

Die meisten Verhaltensregeln, die Sie aus Deutschland oder der deutschen Schweiz kennen, können Sie auch im romanischen Graubünden anwenden. Wenn Sie aus Mitteleuropa kommen, werden Sie nicht nach Graubünden fahren, um dort eine exotische Kultur vorzufinden.

Wenn Sie noch nicht viel Erfahrung mit der Schweiz haben, werden Ihnen möglicherweise die allenthalben zu findenden Schweizerfahnen, nicht selten auch Kantonswappen (in Graubünden mit dem Konterfei eines Steinbocks), auffallen. Ein gewisser Nationalstolz ist in der Schweiz verbreiteter als in Deutschland, überlagert durch Kantonalpatriotismus. Finden Sie sich mit dieser Eigenheit erst einmal ab. Interpretieren Sie sie nicht von vornherein als Feindseligkeit gegenüber Fremden. Denken Sie daran: Die Rolle des Nationalstolzes in Deutschland (und Österreich) hat mit dessen spezieller Vergangenheit zu tun. Lächeln Sie lieber über derartige Ticks, als sich darüber zu ärgern!

Graubünden ist wirtschaftlich vom Tourismus abhängig, daher sind Ausländer nicht ungern gesehen. Nennenswerte Vorurteile gegen Ausländer gibt es nur selten. Viele Bauern haben durch die Alpwirtschaft eine Menge Erfahrungen mit Deutschen (vielerorts auch mit Südtirolern) gemacht, sodass sie ihnen gegenüber meist recht offen sind. Und sollten Sie wirklich mal in ein kulturelles Fettnäpfchen treten, wird man das hoffentlich mit einem Grinsen quittieren, da man Derartiges wahrscheinlich von Ihren Landsleuten kennt.

Falls Sie als Ausländer versuchsweise Schweizerdeutsch sprechen, seien Sie bitte sensibel dafür, ob sich Ihre Gesprächspartner „veräppelt“ vorkommen. In diesem letzteren Fall sollten Sie lieber von derartigen Sprachversuchen absehen. Natürlich dürfen Sie weiterhin zum Gruß „Grüezi“ und „Grüezi mitenand“ sagen und ein paar weitere schweizerische Ausdrücke benutzen. Falls Ihnen einige Züge des Schweizerdeutschen mittlerweile ganz natürlich über die Lippen gehen, brauchen Sie da gewiss keine Hemmungen zu haben. Für mich, der ich im Schwarzwald aufgewachsen bin, sind viele Eigenheiten sowieso natürlich, ohne dass ich mich künstlich bemühe, richtig Schweizerdeutsch zu sprechen. Das Problem wird Ihnen im Rätoromanischen gewiss nicht begegnen. Also fleißig weiterlernen!

Graubünden steht im Ruf, der Kanton und insbesondere seine Landwirtschaft seien von Subventionen abhängig. Wenn Sie mit Bauern sprechen, sollten Sie ihnen nicht derartige klischeehafte Vorwürfe vorhalten. Sie sind in vielen Fällen ungerecht. (Deshalb verrate ich Ihnen nicht das rätoromanische Wort für „Subventionen".)

Denken Sie daran, dass jeder Beamte mehr Gelder von Staat oder Kanton bezieht als ein Bauer. Die Tatsache, dass viele Bauern nicht mehr vom Erlös ihrer Produkte allein überleben können, ist die Folge eines Weltwirtschaftssystems, in dem Produkte, die mit viel Energie und Luftverschmutzung aus den entlegensten Winkeln der Erde hergekarrt werden, billiger sind als heimische Produkte.

Bitte essen Sie in Graubünden kein Billigfleisch aus Argentinien und keine veganen Ersatzprodukte, das wäre respektlos gegenüber der Gastkultur und der Natur. Essen Sie in Graubünden lokale Produkte wie Bergkäse und Alpschwein, damit tun Sie etwas für Natur und Umwelt und zugleich für weniger Abhängigkeit der Landwirtschaft von Subventionen.

Im Übrigen sind die Subventionen keine Almosen (wie es die Gelder zur Rettung der Banken waren), sondern eine Gegenleistung für die gemeinnützigen Dienste der Bauern in der Landschaftspflege.

Viehtränke auf der Alp

Alle Menschen, die verantwortungsbewusst konsumieren möchten, verweise ich auf mein Buch „Naturschutz auf dem Teller" (oekom verlag), das den immensen ökologischen Wert der Weidewirtschaft darstellt. Denken Sie also, wenn Sie die Alpennatur genießen, daran, dass es sich um eine Kulturlandschaft handelt, die der Landwirtschaft zu verdanken ist!

Namen und Anrede

In der Surselva sind die rätoromanischen Vornamen auch heute noch verbreitet. Wenn Sie von jemandem sprechen, werden die Namen (insbesondere in der gesprochenen Sprache) üblicherweise mit dem Artikel versehen.

(il) Tumaisch	*tumaisch*	Thomas
(la) Giuanna / Gianna	*dju-ana / djana*	Johanna / Hanna
(il) Gion	*djån*	Johannes
(igl) Andriu	*andriu*	Andreas
(il) Giachen	*djakën*	Jakob
(il) Rest	*rescht*	Christian
(il) Gieri	*djieri*	Georg
(la) Barla	*barla*	Barbara
(la) Rita	*rita*	Rita

„Spitzname" heißt **il surnum.**

Es gibt auch rätoromanisch-deutsche Mischformen, wie **Juliana** *juliana* (neben **Giuliana** *djuliana*) oder **Brigitta** *brigita* (mit deutsch ausgesprochenem **g**). Manche rätoromanischen Namen sind auch unter Sprechern des Deutschen in Graubünden verbreitet, so z. B. **Luzi** (vom lateinischen Namen Lucius), **Plazi** (surselvisch seltener **Placi** geschrieben, von Placidus).

Vor den Nachnamen wird **signur** *ßinjur* für „Herr", **signura** *ßinjura* für „Frau", **giuvna** *djufna* oder **matta** *mata* für „Fräulein" gesetzt. (Seien Sie bitte mit dem Wort **giuvna** genauso zurückhaltend wie mit dem deutschen Wort „Fräulein".) Wie im Deutschen werden diese Titel auch auf Briefen in der Empfängeradresse geschrieben, also in der ersten Zeile **Signur(a),** in der zweiten der Name.

signura Tschuor	*ßinjura tschuor*	Frau Tschuor
signur Janzing	*ßinjur janzing*	Herr Janzing
giuvna Caduff	*djufna kaduf*	Fräulein Caduff

Bei der Heirat ist es üblich, dass die Frau den Nachnamen des Mannes annimmt und ihren Mädchennamen anhängt. Wenn also Frau Tschuor und Herr Caduff heiraten, dann heißt die Frau **Caduff-Tschuor,** die Kinder aber nur **Caduff.**

Anrede

Für die Anrede gibt es **ti** „du", **vus** „ihr" und **Vus** „Sie". Das Duzen ist in Graubünden sehr verbreitet. Wenn jemand Sie duzt, dürfen Sie auch mit Du antworten, auch wenn dieser Jemand bedeutend älter ist als Sie (es sei denn, Sie sind ein Kind). Das gilt gleichermaßen für Rätoromanisch und Deutsch. Die Sie-Form entspricht der 2. Person Plural („ihr"), das Fürwort wird oft, aber nicht durchgängig großgeschrieben.

Begrüßen und Verabschieden

Die Allerweltsformel zum Begrüßen und Verabschieden, insbesondere unter Bekannten, ist **tgau** *tjau*, ähnlich dem schweizerdeutschen „tschau", auch als Übersetzung für schweizerdeutsches „hoi" zu gebrauchen. Weitere Wendungen sind:

Bien di.
bien di
guter Tag
Guten Morgen / Tag. / Grüezi. *(vormittags)*

Buna sera.
buna ßera
gute Abend
Guten Tag. / Grüezi. *(nachmittags)* / Guten Abend.

Co vai?
kå wai
wie geht's
Wie geht es?

Bein.
bein
gut
Gut. *(Antwort)*

Häufiger in der Umgangssprache ist heute die folgende Wendung:

Vai schon?
wai schån
geht's schon
Geht es gut?

Gie (va schon).
dje (wa schån)
ja (geht schon)
Ja (es geht gut).

Buna notg.
buna nåtj
gute Nacht
Gute Nacht.

Dorma / Durmi bein.
dårma / durmi bein
schlaf / schlaft gut
Schlaf / Schlafen Sie gut.

Beachten Sie: Regional können Sie statt **di** und **dorma** auch **gi** *dji* und **dierma** *dierma* hören.

Sin seveser.
ßin ßëwëse
auf sich-sehen
Auf Wiedersehen.

Tschüs.
tschüß
tschüss
Tschüss.

Sehr verbreitet ist „tschüss" nach deutschem Vorbild, seltener auch zur Begrüßung benutzt.

A bien seveser!
a bien ßëwëse
zu guter sich-sehen
Auf Wiedersehen!

Tochen damaun!
tåkën damäun
bis morgen
Bis morgen!

Tochen pli tard!
tåkën pli tart
bis mehr spät
Bis bald / später!

Adia!
adi-a
adieu
Adieu! / Lebe wohl!

Bitten, Danken, Sich entschuldigen

Bitten, sich bedanken und entschuldigen tut man sich nicht mehr oder weniger als in Deutschland. Die übliche Wendung, wenn man um etwas bittet oder anbietet, ist:

fai schi bien
fai schi bien
mach so gut
bitte *(duzen)*

fagei schi bien
fidjei schi bien
macht so gut
bitte *(Pl/siezen)*

Statt **fai schi bien** können Sie auch **per plascher** [pär plasche] („für Vergnügen") verwenden, wenn Sie um etwas bitten.

Dai a mi la savetscha, fai schi bien!
dai a mi la ßawetscha fai schi bien
gib zu mir die Gabel mach so gut
Gib mir bitte die Gabel! *(um etwas bitten)*

Pren, fai schi bien!
prän fai schi bien
nimm mach so gut
Bitte, nimm! *(anbieten)*

Engraziel!	*ënggrazi-ël*	Danke!
Engraziel fetg!	*ënggrazi-ël fätj*	Danke sehr!
Engraziel semegliont!	*ënggrazi-ël ßemëljånt*	Danke, gleichfalls!
Anzi!	*anzi*	Bitte! *(als Antwort auf Danke)*
Perstgisa!	*përschtjisa*	Entschuldige!
Perstgisei!	*përschtjisei*	Entschuldigt!, Entschuldigen Sie!

Floskeln und Redewendungen

Mit einigen gebräuchlichen Floskeln, die sich nicht so einfach vom Deutschen ins Rätoromanische übersetzen lassen, können Sie schon ziemlich gut „mitreden“.

Wünsche

Bien viadi!
bien wiadi
guter Reise
Gute Reise!

Bien niev onn!
bien niew'ån
guter neuer Jahr
Frohes neues Jahr!

Jeu gratuleschel a ti pil di da naschientscha!
jäu gratuleschël a ti pil di da naschi-äntscha
ich gratuliere zu dir für-der Tag von Geburt
Herzlichen Glückwunsch zum Geburtstag!

Zustimmen und Ablehnen

Jeu vai (buc) gust d'ir en sortida.
jäu wai (bùk) guscht d'i än ßårtida
ich habe (nicht) Geschmack zu gehen in Ausgang
Ich habe (keine) Lust auszugehen.

Jeu sun (buc) d'accord.
jäu ßun (bùk) d'akårt
ich bin (nicht) von'Übereinstimmung
Ich bin (nicht) einverstanden.

Quei vi jeu (buc).
kuei wi jäu (bùk)
jenes will ich (nicht)
Das will ich (nicht).

Gie, exact!
dje äxakt
ja genau
Ja, genau!

Ti has (buc) raschun.
ti aß (bùk) rischun
du hast (nicht) Recht
Du hast (nicht) Recht.

Dieus pertgiri!
diäuß përtjiri
Gott bewahre
Gott bewahre!

Na, naturalmein buc!
na naturalmein bùk
nein natürlich nicht
Nein, natürlich nicht!

En negin cass!
än nedjin kaß
in kein Fall
Auf keinen Fall!

Quei creiel jeu (buc).
kuei krei-ël jäu (bùk)
das glaube ich (nicht)
Das glaube ich (nicht).

Jeu manegel che ...
jäu manedjël kë ...
ich meine dass ...
Ich meine, dass ...

Wenn Ihnen etwas sehr gut gefällt, können Sie das als **tiptop** *tiptåp* bezeichnen. Dieses Wort ist immer unveränderlich. Sie können es als Satz im Sinne von „okay, bestens“ sagen, aber auch als Adjektiv oder Adverb im Sinne von „klasse, optimal“:

Quei has ti fatg tiptop!
kuei aß ti fatj tiptåp
das hast du gemacht tiptop
Das hast du hervorragend gemacht!

Con bi!
kån bi
wie schön
Wie schön!

Con sgarscheivel / trest!
kån ~~sch~~gar~~sch~~eiwël / trescht
wie schrecklich / traurig
Wie schrecklich / traurig!

Jeu stun mal per tei.
jäu schtùn mal për tei
ich stehe schlecht für dich
Du tust mir leid.

Hilfreich ist auch das Wort **pomai** *påmai,* das im Allgemeinen etwa „um Himmels willen“ heißt, aber in verschiedenen Wendungen benutzt wird:

Tgei tratgas pomai?
tjei tratjaß påmai
was denkst um-Himmels-willen
Was bildest du dir ein?

Das erste Gespräch

Bei einem ersten Gespräch, in dem man sich kennenlernt, werden Sie wahrscheinlich folgende Fragen stellen oder selbst beantworten müssen. Nach dem Namen fragt man mit **haver num** *awe nùm* („*haben Name*").

Auch wenn ein Bündner Sie auf Deutsch fragt: „Wie ist dein / Ihr Geschlecht?", sagen Sie bitte nicht „weiblich" oder „männlich", sondern nennen Sie Ihren Familiennamen!

Co has ti num?
kå aß ti nùm
wie hast du Name
Wie heißt du?

Co veis Vus num?
kå weiß wuß nùm
wie habt ihr Name
Wie heißen Sie?

mögliche Antworten

Jeu vai num Gion.
jäu wai nùm djån
ich habe Name Johannes
Ich heiße Gion / Johannes.

Mia schlatteina ei Condrau.
mi-a schlateina ei kåndrau
mein Geschlecht ist Condrau
Mein Nachname ist Condrau.

Cons onns has ti / veis Vus?
kåns'ånß aß ti / weiß wuß
wieviele Jahre hast du / habt ihr
Wie alt bist du / sind Sie?

mögliche Antwort

Jeu vai ventgaquater onns.
jäu wai wäntjakuatër ånß
ich habe zwanzig-vier Jahre
Ich bin 24 Jahre alt.

Danunder vegns ti / vegnis Vus?
danundër wenjß ti / wënjiß wuß
woher kommst du / kommt ihr
Woher kommst du / kommen Sie?

mögliche Antworten

Jeu vegn da Tiaratudestga / Austria.
jäu wenj da tiaratudäschtja / auschtria
ich komme von Deutschland / Österreich
Ich komme aus Deutschland / Österreich.

Nua habiteschas ti / habiteis Vus?
nu-a habiteschaß ti / habiteiß wuß
wo wohnst du / wohnt ihr
Wo wohnst du / wohnen Sie?

Jeu habiteschel a ...
jäu habiteschël a ...
ich wohne zu ...
Ich wohne in ...

Für „wohnen" können Sie auch die Formulierung **esser da casa** „zu Hause sein" hören.

Eis ti / Essas Vus maridaus / maridada?
eiß ti / äßaß wuß maridauß / maridada
bist du / seid ihr verheiratet(m/w)
Bist du / Sind Sie verheiratet? *(zu Mann / Frau)*

Has ti / Veis Vus affons?
aß ti / weiß wuß afånß
hast du / habt ihr Kinder
Hast du / Haben Sie Kinder?

Na, jeu vai (aunc) buc affons.
na jäu wai (äun) bùk afånß
Nein, ich habe (noch) keine Kinder.

Gie, jeu vai in fegl ed ina feglia.
dje jäu wai in felj ëd'ina felja
ja ich habe ein Sohn und eine Tochter
Ja, ich habe einen Sohn und eine Tochter.

Els van en scoletta / scola.
älß wan än schkåläta / schkåla
sie gehen in Kindergarten / Schule
Sie gehen in den Kindergarten / zur Schule.

Miu fegl ei egl emprendissadi.
miu felj ei älj ëmprändißadi
mein Sohn ist in-der Ausbildung
Mein Sohn ist in der Ausbildung.

Familie

Für die Familienmitglieder ist das passende Possessivpronomen („mein, meine") in Klammern ergänzt.

(miu) parent	*parän*	Verwandter
(mia) parentella	*paräntäla*	Verwandtschaft
(mia) famiglia	*familja*	Familie

(mia) mumma	*mùma*	Mutter, Mama
(miu) bab	*bap*	Vater, Papa
(mes) geniturs	*djeniturß*	Eltern
(mia) sora	*ßåra*	Schwester
(miu) frar	*fra*	Bruder
(mes) fargliuns	*farljunß*	Geschwister
(mia) feglia	*felja*	Tochter
(miu) fegl	*felj*	Sohn
(mes) affons	*afånß*	Kinder
(mi') onda	*ånda*	Tante
(miu) aug	*auk*	Onkel
(mia) tatta	*tata*	Großmutter, Oma
(miu) tat	*tat*	Großvater, Opa
(mia) biadia	*biadia*	Enkelin
(miu) biadi	*biadi*	Enkel
(mia) cusrina	*kusrina*	Cousine
(miu) cusrin	*kusrin*	Cousin
(mia) basaretta	*basaräta*	Urgroßmutter
(miu) basaret	*basarät*	Urgroßvater
(mia) consorta	*konßårta*	Ehefrau
(miu) mariu	*mariu*	Ehemann
(mia) sira	*ßira*	Schwiegermutter
(miu) sir	*ßir*	Schwiegervater
(mia) quinada	*kuinada*	Schwägerin
(miu) quinau	*kuinau*	Schwager

Im ländlichen Graubünden spielen die Verwandtschaftsbande eine recht große Rolle. Wenn Sie mit der einheimischen Bevölkerung näher zu tun haben, werden Sie bald mitbekommen, wer wie mit wem verwandt ist.

Mia tatta ei morta igl onn vargau.
mi-a tata ei mårta ilj ån wargau
meine Oma ist gestorbene(w) der Jahr vergangener
Meine Oma ist letztes Jahr gestorben.

Miu bab ei morts avon dus onns.
miu bap ei mårz awån dus'ånß
mein Vater ist gestorben(m) vor zwei Jahre
Mein Vater ist vor zwei Jahren gestorben.

Mia feglia viva el Tessin / a Turitg.
mi-a felja wiwa äl täßin / a turitj
meine Tochter lebt in-der Tessin / in Zürich
Meine Tochter lebt im Tessin / in Zürich.

Tgei fas ti / fageis Vus da professiun?
tjei faß ti / fidjeiß wuß da pråfäßiun
was machst du / macht ihr von Beruf
Was bist du / sind Sie von Beruf?

Setzen Sie in den folgenden Lückensatz ein:

Jeu sun ... *ich bin ...*	*jäu ßun ...*	Ich bin ...
paster	*paschtër*	Alp-, Kuhhirt
emploiada	*ämplåi-ada*	Angestellte
emploiau	*ämplåi-au*	Angestellter
luvrer	*luwrä*	Arbeiter
miedi / -a	*miedi(a)*	Arzt / Ärztin
pasterner	*pischtërnä*	Bäcker
pur	*pur*	Bauer
ufficial	*ufizial*	Beamter
automobilist	*automobilischt*	Busfahrer

cavrer	*kawrä*	Geißenhirt
inschignier	*inschinjier*	Ingenieur
cuschinier	*kuschinier*	Koch
scolast	*schkolascht*	Lehrer
pictur	*piktur*	Maler
musicist	*musizischt*	Musiker
polizist	*pålizischt*	Polizist
professur	*pråfäßur*	Professor
fravi	*frawi*	Schmied
scrinari	*schkrinari*	Schreiner
scriptur	*schkriptur*	Schriftsteller
scolar	*schkålar*	Schüler
sportist	*schpårtischt*	Sportler
student	*schtudän*	Student
studentessa	*schtudäntäßa*	Studentin
manischunz da taxi	*manischùnz da taxi*	Taxifahrer
tecnicher	*tächnikër*	Techniker
vendider	*wändidër*	Verkäufer
scienziau	*schzi-änziau*	Wissenschaftler
scienziada	*schzi-änziada*	Wissenschaftlerin

Für **tecnicher** hat sich die deutsche Aussprache eingebürgert, allerdings wie im Schweizerdeutschen mit **ch** wie in „ach". Die weiblichen Formen der Berufsbezeichnungen werden meist durch Anhängen von **-a** gebildet: **pura** „Bäuerin", unter Wegfall eines unbetonten **-e-**: **vendidra** „Verkäuferin".

Jeu sun disoccupaus / disoccupada / rentier.
jäu ßun disåkupauß / disåkupada / räntier
ich bin arbeitslos(m/w) / Rentner
Ich bin arbeitslos *(sagt Mann / Frau)* / Rentner.

Tgei fageis Vus cheu en Svizra / en Grischun?
tjei fidjeiß wuß käu än schwizra / än grischun
was macht ihr hier in Schweiz / in Graubünden
Was machen Sie hier in der Schweiz / in Graubünden?

Mias fatschentas meinan mei cheu.
mi-aß fatschäntaß meinan mei käu
meine Geschäfte führen mich hier
Ich bin geschäftlich hier.

Jeu fetsch vacanzas.
jäu fetsch wakanzaß
ich mache Ferien
Ich mache Urlaub.

Plai ei a Vus cheu?
plai ei a wuß käu
gefällt es zu ihr hier
Gefällt es Ihnen hier?

Ei plai a mi fetg bein cheu.
ei plai a mi fätj bein käu
es gefällt zu mir sehr gut hier
Es gefällt mir hier sehr gut.

La cuntrada ei fetg biala.
la kuntrada ei fätj biala
die Landschaft ist sehr schön
Die Landschaft ist wunderschön.

Sprachen		
il tudestg (svizzer)	*tudäschtj (schwizër)*	Deutsch (Schweizer-)
igl engles	*ängläß*	Englisch
il franzos	*franzåß*	Französisch
il talian	*talian*	Italienisch
il spagnol	*schpanjål*	Spanisch

In den Wörterlisten im Text sind Nomen jeweils durch den passenden Artikel ergänzt, an dem Sie das grammatische Geschlecht ablesen können. In der Lautschrift und der deutschen Übersetzung wird dieser jedoch nicht wiederholt.

Jeu vai empriu latin en scola.
jäu wai ëmpriu latin än schkåla
ich habe gelernt Latein in Schule
Ich habe in der Schule Latein gelernt.

Dialekte des Bündnerromanischen

il sursilvan	*ßurßilwan*	Surselvisch, Sursilvan
il sutsilvan	*ßuzilwan*	Sutselvisch, Sutsilvan
il surmiran	*ßurmiran*	Surmeirisch, Surmiran
il vallader	*waladër*	Unterengadinisch, Vallader
il putèr	*putä*	Oberengadinisch, Puter
il romontsch grischun	*romåntsch gri~~sch~~un*	Rumantsch Grischun

Das Wetter

In der Stadt, heißt es, wenn man nicht weiß, worüber man sprechen soll, spreche man übers Wetter. Das ist auch in Graubünden ein beliebtes Thema, zumal es für die agrarisch tätige Bevölkerung im Alltag eine größere Rolle spielt als für Städter.

Ei fa freid / cauld.
ei fa freit / kaul
es macht kalt / warm
Es ist kalt / warm.

Ei dat sulegl.
ei dat ßuläli
es gibt Sonne
Die Sonne scheint.

Ei plova.
ei plåwa
es regnet
Es regnet.

Ei neiva.
ei neiwa
es schneit
Es schneit.

Igl ei nebla.
ilj ei näbla
es ist Nebel
Es ist neblig.

Igl ei schon stgir.
ilj ei schån schtjir
es ist schon dunkel
Es ist schon dunkel.

Quei ei (buca) l'aura ch'jeu giavischel per mias vacanzas.
kuei ei (bùka) l'aura k'jäu djawischël pär mi-aß wakanzaß
das ist (nicht) die'Wetter was'ich wünsche für meine Ferien
Das ist (nicht) das Wetter, das ich mir im Urlaub wünsche.

Falls man auf exakte Wettervorhersagen angewiesen ist, bekommt man diese in Graubünden im Ernstfall auch problemlos auf Deutsch.

il cametg	*kamätj*	Blitz
l'aura sut	*aura sùt*	Bise, Nordwind
il tun	*tun*	Donner
la bova	*båwa*	Erdrutsch
il prighel	*prigël*	Gefahr
igl urezi	*urezi*	Gewitter
la garniala	*garniala*	Hagel
il tschiel	*tschiel*	Himmel
la lavina	*lawina*	Lawine
la glina	*ljina*	Mond
la plievgia	*pliewdja*	Regen
igl artg (sogn Martin)	*artj (ßånj martin)*	Regenbogen
il parisol	*parißål*	Regenschirm / Sonnenschirm
la neiv	*neif*	Schnee
il cuflau	*kuflau*	Schneeverwehung

il sulegl	*ßulälj*	Sonne
il stemprau (Pl **-s**)	*schtemprau*	Sturm, Unwetter
l'inundaziun	*inundaziun*	Überschwemmung
la previsiun dall'aura	*prewisiun dal'aura*	Wettervorhersage
il vent	*wänt*	Wind
la forza dil vent	*fårza dil wänt*	Windstärke
il nibel	*nibël*	Wolke

Tgei bialaura / schliat'aura / macort'aura!
tjei bialaura / schliat'aura / makårt'aura
was schön-Wetter / schlecht'Wetter / hässlich'Wetter
Was für ein schönes / schlechtes / schlechtes Wetter!

Himmelsrichtungen

Kombinationen bildet man wie im Deutschen.

il nord	*nårt*	Norden
il sid	*ßit*	Süden *(Schriftsprache)*
il süd	*ßüt*	Süden *(Umgangsspr.)*
il vest	*wäscht*	Westen
igl ost	*åscht*	Osten
il nordvest	*nortwäscht*	Nordwesten

Il tschiel ei cuvretgs / sereins / pleins nibels.
il tschiel ei kuwrätjß / ßëreinß / pleinß nibëlß
der Himmel ist bedeckt / klar / voll Wolken
Der Himmel ist bedeckt / klar / voller Wolken.

Jeu sperel ch'ei detti damaun sulegl.
jäu schperël k'ei däti damäun ßuläIj
ich hoffe dass es gebe morgen Sonne
Ich hoffe, dass morgen die Sonne scheint.

Rauchen

In der Schweiz gibt es gesetzliche Bestimmungen zum Nichtraucherschutz sowohl auf Bundes- wie auf Kantonalebene. Die kantonale Regelung in Graubünden erlaubt allerdings abgetrennte Raucherräume in Gaststätten.

Astg jeu fimar cheu?
aschtj jäu fima käu
darf ich rauchen hier
Darf ich hier rauchen?

Scumandau da fimar!
schkumandau da fima
verboten von rauchen
Rauchen verboten!

Disturb'ei Vus, sche jeu femel?
dischturb'ei wuß sche jäu femël
stört'es euch wenn ich rauche
Stört es Sie, wenn ich rauche?

il tschendrer	*tschëndrä*	Aschenbecher
igl envidader, il zünder	*änwidadër, zündër*	Feuerzeug
la pipa	*pipa*	Pfeife
la scatla cigarettas	*schkatla zigarätaß*	Schachtel Zigaretten
il zulprin	*zulprin*	Streichholz
il tubac	*tubak*	Tabak
la cigaretta	*zigaräta*	Zigarette
la cigara	*zigara*	Zigarre

Perstgisa / Perstgisei, has ti / veis Vus fiug?
përschtjisa / përschtjisei aß ti / weiß wuß fiuk
entschuldige / entschuldigt hast du / habt ihr Feuer
Entschuldigung, hast du / haben Sie Feuer?

Gie, jeu vai zulprins.
dje jäu wai zulprinß
ja ich habe Streichhölzer
Ja, ich habe Streichhölzer.

Na, jeu femel buc.
na jäu femël bùk
nein ich rauche nicht
Nein, ich rauche nicht.

Zu Gast sein

Wenn Sie als Gast ein Privathaus betreten, dann wird meistens erwartet, dass Sie auch ohne spezielle Aufforderung die Schuhe ausziehen. Eventuell wird man Ihnen Hausschuhe (**scalfins** *schkalfinß* „Finken“) anbieten.

Gastgeschenke sind natürlich gern gesehen. Hier ist Ihre eigene Fantasie gefragt. Wie wäre es mit einer Besonderheit aus Ihrer Heimat? Falls Sie auf einer Alp mit Käseherstellung arbeiten, ist es üblich, Gastgebern Käse mitzubringen, und zwar auch dann, wenn Sie eine andere Alp besuchen, da der Käse jeder Alp unterschiedlich ist.

Beinvegni!
beinwenji
willkommen
Willkommen!

Neu en!
näu än
komm in
Komm herein!

Bei Tisch

Pren! / Prendei!	**Gie, bugen!**
prän / prändei	*dje budjän*
nimm / nehmt	*ja gerne*
Greif zu! / Greifen Sie zu!	Ja, gerne!

Falls Sie unerwartet zu Tisch gebeten werden, können Sie sagen:

Na, engraziel, jeu vai gia magliau!
na ënggrazi-ël jäu wai dja miljau
nein danke ich habe bereits gegessen
Nein, danke, ich habe schon gegessen!

Ei quei ina specialitad grischuna?
ei kuei ina schpezialitat grischuna
ist jenes eine Spezialität graubündnerische
Ist das eine Graubündner Spezialität?

Igl ei fetg bien, aber jeu vai buc pli fom.
ilj ei fätj bien abër jäu wai bùk pli fåm
es ist sehr gut aber ich habe nicht mehr Hunger
Es ist sehr gut, aber ich habe keinen Hunger mehr.

Sai jeu gidar ella cuschina?
ßai jäu djida äla kuschina
kann ich helfen in-die Küche
Kann ich in der Küche helfen?

Rund um die Hauswirtschaft

la finiastra	*finiaschtra*	Fenster
igl iert	*iert*	Garten
il frust	*fruscht*	Grundstück
il tetg	*tätj*	Dach
il plantschiu	*plantschiu*	Fußboden
la casa	*kasa*	Haus
il teppi	*täpi*	Teppich
la sutga	*ßùtja*	Stuhl
la meisa	*meisa*	Tisch
la scala	*schkala*	Treppe (*auch:* Leiter)
igl esch	*esch*	Tür
la preit	*preit*	Wand
la stanza	*schtanza*	Zimmer

il fuorn	*fuorn*	Backofen
la cazzetta da barsar	*kazäta da barßa*	Bratpfanne
la butteglia	*butälja*	Flasche
la savetscha	*ßawetscha*	Gabel
la frestgera profunda *(die Kühlschrank tiefe)*	*fräschtjera profunda*	Gefriertruhe
il migiel (Pl **migeuls**)	*midjiel (midjäulß)*	Glas
la platta da fiug *(die Platte von Feuer)*	*plata da fiuk*	Kochherd
il ruog	*ruok*	Krug
la cuschina	*kuschina*	Küche
la frestgera	*fräschtjera*	Kühlschrank

Regional kann Ihnen in der Umgangssprache **il küelschrank** [küelschrangk] begegnen, aber alle wissen, dass das kein echtes Rätoromanisch ist.

il tschadun	*tschadùn*	Löffel
il cunti (Pl **cuntials**)	*kunti (kuntialß)*	Messer
la scaffa	*schkafa*	Schrank
la scadiala	*schkadiala*	Schüssel
la scadiola	*schkadiåla*	Tasse
il taglier (Pl **tagliors**)	*tiljier (tiljårß)*	Teller
la cazzetta	*kazäta*	Topf, Pfanne

la scua	*schku-a*	Besen
il barschun	*barschun*	Bürste
la sadiala	*ßadiala*	Eimer
la pala pintga	*pala pintja*	Kehrblech, Schüfeli
la sadiala da rumien	*ßadiala da rumien*	Kehrichteimer
il piez (Pl **piazs**)	*piez (piaz)*	Lappen
schubergiar (**jeu schubregiel**)	*~~sch~~ubërdja (~~sch~~ubredjël)*	reinigen, putzen
schuber, schubra	*~~sch~~ùbër, ~~sch~~ùbra*	sauber
tschuf, tschuffa	*tschùf(a)*	schmutzig
la spungia	*schpùndja*	Schwamm
il savun	*ßawun*	Seife
il tschetschapuorla	*tschetscha puorla*	Staubsauger

Sich verabschieden

Engraziel fetg per la hospitalitad!
ënggrazi-ël fätj pär la håschpitalitat
danke sehr für die Gastfreundschaft
Vielen Dank für die Gastfreundschaft!

Ei era ina fetg biala sera.
ei ära ina fätj biala ßera
es war eine sehr schöne Abend
Es war ein sehr schöner Abend.

Jeu sun staunchels / stauncla, jeu mon a letg.
jäu ßun schtäunkëlß / schtäungkla jäu mån a lätj
ich bin müde(m/w) ich gehe zu Bett
Ich bin müde, ich gehe zu Bett. *(sagt Mann / Frau)*

Neu a visitar nus puspei inaga.
näu a wisita nuß puschpei inaga
komm zu besuchen uns wieder einmal
Komm uns mal wieder besuchen.

Flirt und Liebe

Ja, gerade wenn Sie zur Alp gehen, kann es passieren, dass das Thema Liebe für Sie eine große Rolle bekommt. Da die Menschen dort oft eng aufeinander hocken, entstehen nicht selten Liebschaften.

Falls Ihr Angebeteter oder Ihre Angebetete Rätoromanisch als Muttersprache spricht, wird sie oder er sich vielleicht über ein paar nette Worte in dieser Sprache freuen. Aber auch wenn es nur ein kleiner Flirt sein soll, klingt der in der heimischen Sprache vielleicht besonders lieblich.

Wer kennt nicht die Begrüßung „Ciao bella"? Diese Floskel wird im Rätoromanischen wörtlich übersetzt:

Tgau biala!
tjau biala
tschau Schöne
Hallo, Schöne!

Jeu vai bugen tei.
jäu wai budjän tei
ich habe gern dich
Ich mag dich.

Ti eis ina bellezia femna / in bellezia um.
ti eis'ina belàzia fämna / in belàzia ùm
du bist eine Schönheit Frau / ein Schönheit Mann
Du bist eine wunderschöne Frau / ein wunderschöner Mann.

Jeu sun s'inamuraus / s'inamurada da …
jäu ßun ßinamurauß / ßinamurada da …
ich bin sich-verliebt(m/w) von …
Ich habe mich in … verliebt. *(sagt Mann / Frau)*

Der Welt wichtigstes Wort „Liebe" heißt **amur** und ist wie im Deutschen weiblich.

Jeu carezel tei.
jäu karäzël tei
ich liebe dich
Ich liebe dich.

Jeu vai mal d'amur.
jäu wai mal d'amur
ich habe Schmerz von'Liebe
Ich habe Liebeskummer.

Jeu vi buc.
jäu wi bùk
ich will nicht
Ich will nicht.

Lai mei cumbien!
lai mei kumbien
lass mich in-Ruhe
Lass mich in Ruhe!

fascinont / -a *(m/w)*	*faszinånt(a)*	bezaubernd, faszinierend
marviglius / -a *(m/w)*	*marwiljuß / -usa*	wunderbar *(Achtung: heißt auch „neugierig"!)*
simpatic / -a *(m/w)*	*ßimpatik(a)*	sympathisch
bufatg / -a *(m/w)*	*bufatj(a)*	nett, hübsch, niedlich
bi (bials) / biala *(m/w)*	*bi (bialß) / biala*	schön

magnific / -a *(m/w)*	*manjifik(a)*	großartig, prächtig
car / -a *(m/w)*	*kar(a)*	lieb
carezau / carezada *(m/w)*	*karezau / -zada*	geliebt
amurau / amurada *(m/w)*	*amurau / -ada*	verliebt

Beachten Sie: „eine liebe Freundin“ ist *ina kara amitja*. Sagen Sie um Himmels willen nicht **in'amitga cara,** denn das heißt „eine teure = kostspielige Freundin“!

Unterwegs

Wenn Sie nach Graubünden reisen, werden Sie vermutlich auch wandern wollen. Geländebedingt sind die Fahrwege von A nach B oft um ein Vielfaches weiter als die Fußwege. Die wichtigsten Richtungsangaben finden Sie in der Umschlagklappe.

Am Crestasee

Unterwegs zu Fuß und nach dem Weg fragen

Co vegnel jeu a … ?
kå wenjël jäu a …
wie kann ich gehen zu …
Wie komme ich nach/zu … ?

Nua anflel jeu … ?
nu-a anflël jäu …
wo finde ich …
Wo finde ich … ?

la libraria	*libraria*	Buchhandlung
il monument	*månumän*	Denkmal
il negozi	*nëgåzi*	Geschäft
il kino	*kino*	Kino
la baselgia	*baseldja*	Kirche
la plazza fiera	*plaza fiera*	Marktplatz
il museum	*muse-um*	Museum
la casa communala	*kasa kåmunala*	Rathaus
il bogn	*bånj*	Schwimmbad

Sai jeu ir (leu) a pei?
ßai jäu i (läu) a pei
kann ich gehen (dort) zu Fuß
Kann ich zu Fuß (dorthin) gehen?

Con lunsch eisi?
kån lùnsch eisi
wie weit ist-es
Wie weit ist es?

Mei adina agradora.
mei adina agradåra
geht immer geradeaus
Gehen Sie immer geradeaus.

Ella proxima cruschada mei dretg.
äla pråxima kruschada mei drätj
in-die nächste Kreuzung geht rechts
Biegen Sie an der nächsten Kreuzung nach rechts ab.

Mei entochen l'ampla.
mei ëntåkën l'ampla
geht bis die'Ampel
Gehen / Fahren Sie bis zur Ampel.

Fagei schi bien, mussei a mi quei sil plan dil marcau / silla carta.
fidjei schi bien mußei a mi kuei ßil plan dil markau / ßila karta
macht so gut zeigt zu mir jenes auf-der Plan von-der Stadt / auf-die Karte
Bitte zeigen Sie mir das auf dem Stadtplan / auf der Landkarte.

Toilette

Selbst auf der Alp haben Plumpsklos heute Seltenheitswert.

Nua ei la tualetta / il bogn?
nu-a ei la tu-aläta / il bånj
wo ist die Toilette / der Bad
Wo ist die Toilette / das Bad?

Jeu less lavar mes mauns.
jäu läß lawa meß mäunß
ich möchte waschen meine Hände
Ich möchte mir die Hände waschen.

Jeu less selavar.
jäu läß ßëlawa
ich möchte sich-waschen
Ich möchte mich waschen.

il pupi da tualetta
pupi da tu-aläta
Papier von Toilette
Toilettenpapier

il savun	*ßawùn*	Seife
umens – femnas	*ùmënß – fämnaß*	Männer – Frauen
il schigentamauns	*schidjäntamäunß*	Handtuch

Mit dem Taxi

il taxi	*taxi*	Taxi
il manischunz da taxi	*manis~~ch~~ùnz da taxi*	Taxifahrer
il chauffeur da taxi	*schoför da taxi*	Taxifahrer

Jeu less descender cheu.
jäu läß däßzändër käu
ich möchte aussteigen hier
Ich möchte hier aussteigen.

Mit öffentlichen Verkehrsmitteln

Als öffentliche Verkehrsmittel gibt es in Graubünden die Eisenbahn (insbesondere die Rhätische Bahn: **la viafier retica** *wi-afier rätika*) und den Linienbus, in der Schweiz „Postauto“ genannt.

Cu eisi in tren a ... ?
ku eisi in trän a ...
wann ist-es ein Zug nach ...
Wann gibt es einen Zug nach ... ?

(Nua) stoi jeu midar tren?
(nu-a) schtåi jäu mida trän
(wo) muss ich wechseln Zug
(Wo) muss ich umsteigen?

Eisi in auto da posta a ... ?
eisi in auto da påschta a ...
ist-es ein Auto von Post nach ...
Gibt es ein Postauto / einen Linienbus nach ... ?

Con cuosta in bigliet a ... ?
kån kuoschta in biljät a ...
wie-viel kostet ein Fahrkarte nach ...
Wie viel kostet eine Fahrkarte nach ... ?

la staziun	*schtaziun*	Bahnhof
il perrun	*pärùn*	Bahnsteig
il bigliet	*biljät*	Fahrkarte
il bigliet sempel	*biljät ßempël*	Fahrkarte, einfache Fahrt
il bigliet da retuorn *Fahrkarte von Rückkehr*	*biljät da rëtuorn*	Rückfahrkarte
igl urari	*urari*	Fahrplan
la bagascha	*bagascha*	Gepäck
il binari	*binari*	Gleis
la fermada	*färmada*	Haltestelle
la cofra	*kåfra*	Koffer
il controllader	*kåntråladër*	Kontrolleur
il sacados	*ßakadåß*	Rucksack
il conductur	*kånduktur*	Schaffner
la pendiculara	*pändikulara*	Seilbahn
il vagun-restaurant	*wagùn-räschtauran*	Speisewagen
il vagun	*wagùn*	Waggon
descender	*däszändër*	aussteigen
ir en *gehen in*	*i än*	einsteigen
midar tren *wechseln Zug*	*mida trän*	umsteigen
sin viadi *auf Reise*	*ßin wiadi*	unterwegs

Eine häufige Ansage in der Rhätischen Bahn ist:

Fermada sin damonda.
färmada ßin damånda
Haltestelle auf Anfrage
Halt auf Verlangen.

ir	*i*	gehen, fahren
ir cun velo *gehen mit Fahrrad*	*i kun wälo*	Rad fahren
ir cun auto *gehen mit Auto*	*i kun auto*	mit dem Auto fahren
ir cul tren *gehen mit-der Zug*	*i kul trän*	mit dem Zug fahren
far autostop *machen Autostop*	*fa autoschtåp*	trampen

Wenn Sie in Graubünden per Anhalter reisen wollen, bedenken Sie, dass auf freier Strecke die Sichtverhältnisse und die Haltemöglichkeiten oft eingeschränkt sind.

Falls Sie mit dem Rad durch Graubünden fahren, sollten Sie kaum auf separate Radwege hoffen. Fragen Sie lieber:

> **Eisi ina via per … che ha pauc traffic?**
> *eisi ina wi-a pär … kë a pauk trafik*
> *ist-es eine Straße für … was hat wenig Verkehr*
> Gibt es eine Straße nach … mit wenig Verkehr?

Wenn Bündnerromanen Deutsch sprechen, kann es sein, dass sie die Wörter „Weg“ und „Straße“ durcheinanderwerfen, da in ihrer Sprache beides **via** heißt. Für eine Landstraße sagt man allerdings auch **la strada.**

Mit dem Auto

Die Verkehrsschilder sind wenig anders als in Deutschland. Offensichtlicher ist die Geschwindigkeitsbeschränkung in Ortschaften, die durch ein 50er-Schild mit Zusatzaufschrift **limita generala** (im deutschen Sprachgebiet einfach „generell“) gekennzeichnet sind.

sefermar	*ßëfärma*	anhalten
igl auto	*auto*	Auto
l'autostrada	*autoschtrada*	Autobahn
menar (jeu meinel) in auto	*mëna (jäu meinël) in auto*	ein Auto fahren
ir cun auto *gehen mit Auto*	*i kun auto*	mit dem Auto fahren
igl automobilist	*auto mobilischt*	Autofahrer (*a.*: Busfahrer)
la punt	*pùn*	Brücke
il vitg	*witj*	Dorf
il caraun	*karäun*	Kurve
la strada	*schtrada*	Landstraße
il parcadi	*parkadi*	Parkplatz
la via tschocca	*wi-a tschåka*	Sackgasse
il marcau (Pl **marcaus**)	*markau*	Stadt
survargar	*ßurwarga*	überholen
il signal da traffic	*ßinjal da trafik*	Verkehrsschild
la via	*wi-a*	Weg, Straße

Nua eisi in tancadi?
nu-a eisi in tangkadi
wo ist-es ein Tankstelle
Wo gibt es eine Tankstelle?

il benzin	*bänzin*	Benzin
senza plum	*ßänza plùm*	bleifrei
il diesel	*diesël*	Diesel
igl ieli	*ieli*	Öl
la pressiun dil pneu	*präßiun dil pnö*	Reifendruck
l'aua	*au-a*	Wasser

Jeu less prender in auto per tscheins.
jäu läß prändër in auto për tscheinß
ich möchte nehmen ein Auto für Miete
Ich möchte ein Auto mieten.

Unfall und Panne

Jeu hai ina panna.
jäu ai ina pana
ich habe eine Panne
Ich habe eine Panne.

Jeu sai buc tgei ch'ei rut.
jäu ßai bùk tjei k'ei rùt
ich weiß nicht was dass'ist kaputt
Ich weiß nicht, was kaputt ist.

Saveis Vus depannar mei tier la proxima garascha?
ßaweiß wuß depana mei tier la pråxima garascha
könnt ihr abschleppen mich bei die nächste Garage
Können Sie mich bis zur nächsten Werkstatt abschleppen?

Jeu vai giu / Ei ha dau in accident.
jäu wai dju / ei a dau in akzidän
ich habe gehabt / es hat gegeben ein Unfall
Ich hatte / Es gab einen Unfall.

Enzatgi / Negin ei blessaus.
änzitji / nedjin ei bläßauß
jemand / niemand ist verletzt
Es ist jemand / Es is niemand verletzt.

Die weibliche Form des Adjektivs **blessaus** lautet **blessada** *[bläß-ada].*

Clamei in auto da malsauns, fagei schi bien.
klamei in auto da malßäunß fidjei schi bien
ruft ein Auto von Kranke macht so gut
Rufen Sie bitte einen Krankenwagen.

Geografische Namen

Die Ortsnamen werden wie im Deutschen ohne Artikel benutzt, Fluss- und Gebietsnamen wie angegeben mit Artikel. Einige geografische Namen in Graubünden, insbesondere im surselvischen Sprachgebiet:

la Cadi	*kadi*	Kreis Disentis
Claustra	*klauschtra*	Klosters
Cuera	*ku-era*	Chur
Domat	*dåmat*	Ems („Domat/Ems“)
Glion	*ljån*	Ilanz

Mustér	*muschte*	Disentis *(betont: „Disentis")*
il Rein anteriur	*rein anteri-ur*	Vorderrhein
il Rein posteriur	*rein påschteri-ur*	Hinterrhein
Sagogn	*ßagånj*	Sagens
Sumvitg	*ßumwitj*	Somvix (von **sum** „oben, zuoberst", **vitg** „Dorf")
Surcasti	*ßurkischti*	Obercastels (von **sur** „über, ober", **casti** „Burg, Schloss")
Surrein	*ßurein*	Surrhein (von **sur** „über", **Rein** „Rhein")
Sursaissa	*ßurßaißa*	Obersaxen
Tersnaus	*tärschnauß*	Tersnaus
Trun	*trun*	Truns
Uors	*uorß*	Uors (Vurth)
la Val sogn Pieder	*wal ßånj piedër*	Valsertal

Die Ortsschilder in der Surselva sind einsprachig, im romanischen Sprachgebiet meist nur romanisch. Ilanz hat nur deutschsprachige Ortsschilder. Bei manchen Orten sind die deutschen Namen völlig ungebräuchlich. **Uors** etwa wird auch im Deutschen meist so genannt, während **Trun** im Deutschen durchgängig „Truns" heißt. Obersaxen ist vor allem unter dem deutschen Namen bekannt, da es eine Walsersiedlung und damit eine von Beginn an deutschsprachige Enklave in der Surselva ist.

Über Stock und Stein

Graubünden ist der größte Kanton der Schweiz und dünn besiedelt. Egal ob im Winter oder im Sommer, Graubünden hat immer viel Natur zu bieten.

Co ha quei péz num?
kå a kuei pez nùm
wie hat jener Berg Name
Wie heißt jener Berg?

Las Alps plain a mi.
las'alpß plain a mi
die Alpen gefallen zu mir
Die Alpen gefallen mir.

Jeu hai piars la via.
jäu ai piarß la wi-a
ich habe verloren die Weg
Ich habe mich verlaufen.

Skifahren

Im bekanntesten Skiort Graubündens, in Davos, wird kein Rätoromanisch gesprochen. Aber auch im surselvischen und sonstigen rätoromanischen Sprachgebiet, etwa in der Gegend von Disentis, kann man Ski fahren.

Nua san ins ir cun skis?
nu-a ßan inß i kun schkiß
wo können man gehen mit Skiern
Wo kann man Ski fahren?

il ski	*schki*	Ski
il runal	*runal*	Skilift
il skiunz	*schki-ùnz*	Skifahrer

la cuorsa liungia	*kuorßa liungga*	Langlauf
la cuorsa rapida	*kuorßa rapida*	Abfahrt
la pista	*pischta*	Piste
la scarsola	*schkarsåla*	Schlitten
scursalar (jeu scarsolel)	*schkursala (schkarsålël)*	Schlitten fahren (ich ...)

Bergwelt

il péz	*pez*	Berg, Gipfel
il cuolm	*kuolm*	Berg, Hang
la val	*wal*	Tal
il glatsch	*glatsch*	Eis
il glatscher	*glatschä*	Gletscher

„Gletscher" ist übrigens ein rätoromanisches Lehnwort!

il flum	*flum*	Fluss
il crap (Koll **crappa**)	*krap*	Stein
il grep	*gräp*	Felsen
igl uaul	*u-aul*	Wald
la draussa	*draußa*	Grünerlen-Gebüsch, „Stuude"
la natira	*natira*	Natur

Tiere der Alpen

la merlotscha	*märlåtscha*	Amsel
il tgiet d'uaul (Pl **cots ...**)	*tjiet d'u-aul (kåz ...)*	Birkhahn

il miez miur e miez utschi *halb Maus und halb Vogel*	*miez miur ë miez utschi*	Fledermaus
la rauna	*räuna*	Frosch
la lieur	*liäur*	Hase
il cucu	*kuku*	Kuckuck
la miur	*miur*	Maus
il corv, il tgierv (Pl **corvs**)	*kårf, tjierf (kårfß)*	Rabe, Kolkrabe
il quac	*kuak*	Rabenkrähe
la siarp	*ßiarp*	Schlange
il glis	*gliß*	Siebenschläfer
igl utschi (Pl **utschals**)	*utschi (utschalß)*	Vogel
il luf	*luf*	Wolf

Weitere Tiere finden Sie im Kapitel „Jagd und Fischerei". Im Wörterbuch können Sie **quac** mit „Rabe" übersetzt finden. Das liegt wohl daran, dass die Rabenkrähe im surselvischen Volkstum, etwa in Märchen, ungefähr die Rolle spielt wie im deutschen Volkstum der Rabe. Der Rabe Abraxas in Otfried Preußlers „Kleiner Hexe" heißt im Surselvischen **il quac Abraxas.**

Vivan cheu siarps tussegadas?
wiwan käu ßiarpß tußëgadaß
leben hier Schlangen giftige
Leben hier Giftschlangen?

Pflanzen der Alpen

Für „Pflanze“ findet man im Wörterbuch das Wort **plonta** *plånta*. Dies ist eher ein Notbehelf, da das Wort üblicherweise in der Bedeutung „Baum“ benutzt wird. Ein allgemeingültiges Wort für „Pflanze“ gibt es im Surselvischen nicht. Man kann es durch (unvollständige) Zusammenfassungen umschreiben, etwa **jarvas e plontas** *jarwas'ë plåntaß* „Kräuter und Bäume“.

igl ischi (Pl **ischals**)	*ischi* (*ischalß*)	Ahorn
la flur striauna	*flur schtri-äuna*	Alpenrose, Rhododendron
l'arnica	*arnika*	Arnika, Bergwohlverleih
la plonta	*plånta*	Baum
il tieu	*tiäu*	Bergkiefer
l'urtgicla	*urtjikla*	Brennnessel
la steilalva	*schteilalwa*	Edelweiß (*„Weißstern“*)
l'ansauna	*anßäuna*	Enzian
il viez	*wiez*	Fichte
la ruaneida ordinaria	*ru-aneida årdinaria*	Frauenmänteli, -mantel
la flur da mintga meins	*flur da mintja meinß*	Gänseblümchen (*„Blume jeden Monats“*)
il draus (Koll **draussa**)	*draußa(a)*	Grünerle
il brutg	*brutj*	Heidekraut
igl izun	*izun*	Heidelbeere

la puauna cotschna	*pu-äuna kåtschna*	Himbeere
il pei pulein	*pei pulein*	Huflattich (*„Fohlenfuß"*)
la jarva sontga Margriata	*jarwa ßåntja margriata*	Isländisch Moos (eine Flechte)
la jarva	*jarwa*	Kraut, Gras
la flur cuolm	*flur kuolm*	Männertreu (*„Bergblume"*)
la flur tschugalata	*flur tschugalata*	Männertreu (*„Schokoladenblume"*)

Wacholder

il garnedel	*garnedël*	Preiselbeere
il suitg tgietschen (Koll **suitga cotschna**)	*ßu-itj tjietschën* (*ßu-itja kåtschna*)	Roter Holunder, Traubenholunder
l'iva dumiastia	*iwa dumiaschtia*	Schafgarbe
la ruaneida alpina	*ru-aneida alpina*	Silbermänteli, Alpenfrauenmantel

la rosa d'argien melna	*råsa d'ardjien mälna*	Sonnenrösli
la caglia	*kalja*	Strauch
la geneivra	*djeneiwra*	Wacholder

Landwirtschaft und Alp

Graubünden ist stark ländlich geprägt. So werden Sie auf Ihrer Graubündenreise zweifellos in Kontakt mit der Landwirtschaft kommen. Und möglicherweise gehen Sie ja gar in Graubünden zur Alp. In der Schweiz ist das Wort „Bauer“ nicht wie in Deutschland durch „Landwirt“ ersetzt. Es wird nicht als anstößig oder abwertend empfunden.

Essas Vus pur?
äßaß wuß pur
seid ihr Bauer
Sind Sie Bauer?

Tgei tiers veis Vus?
tjei tierß weiß wuß
was Tiere habt ihr
Was für Tiere haben Sie?

Eisi cheu in bein puril nua ch'ins sa far vacanzas?
eisi käu in bein puril nu-a k'inß ßa fa wakanzaß
ist-es hier ein Gut bäuerlicher wo dass'man kann machen Ferien
Gibt es hier einen Bauernhof,
auf dem man Urlaub machen kann?

Tiere auf dem Bauernhof

igl asen	*asën*	Esel
l'auca	*auka*	Gans
il tgiet (Pl **cots**)	*tjiet (kåz)*	Hahn

igl animal dumiesti	*animal dumieschti*	Haustier
ils animals dumiastis (Pl)	*animals' dumiaschtiß*	Haustiere
la gaglina	*galjina*	Henne, Huhn
il tgaun	*tjäun*	Hund
la cogna	*kånja*	Hündin
il vadi (Pl **vadials**)	*wadi (wadialß)*	Kalb
il giat, il gat	*djat, gat*	Katze, Kater
la giatta, gatta	*djata, gata*	(weibl.) Katze
la vacca	*waka*	Kuh
il tschut	*tschùt*	Lamm
il mél	*mel*	Maultier, Muli (*a:* Maulesel)
la mugia	*mudja*	Mese (zweij. Rind)
il cavagl (Pl **cavals**)	*kawalj (kawalß)*	Pferd (*a:* Hengst)
la genetscha	*djënetscha*	Rind (Jungtier vorm 1. Kalben)

Rätisches Grauvieh

la nuorsa	*nuorßa*	Schaf
il piertg (Pl **pors**)	*piertj (pårß)*	Schwein
il taur	*taur*	Stier
la cavalla	*kawala*	Stute
il tier, igl animal	*tier, animal*	Tier
igl anugl	*anulj*	Widder, Schafbock
igl ansiel (Pl **anseuls**)	*ansiel (ansäulß)*	Zicklein, Gitzi
la caura	*kaura*	Ziege, Geiß
il buc	*bùk*	Ziegenbock

Die Arbeit auf Bauernhof und Alp ist kein Zuckerschlecken, wie Sie sich sicherlich vorstellen können. Falls Sie mit anfassen wollen, finden Sie hier das wichtigste Vokabular.

Landwirtschaftliche Geräte

il marti (Pl **martials**)	*marti* (*martialß*)	Hammer
la fuortga da fein	*fuortja da fein*	Heugabel
la cadeina	*kadeina*	Kette
la sadiala da mulscher	*ßadiala da mul~~sch~~ër*	Melkeimer
la maschina da mulscher	*maschina da mul~~sch~~ër*	Melkmaschine
la fuortga da grascha	*fuortja da grascha*	Mistgabel
la pala	*pala*	Schaufel
la caretta	*karäta*	Schubkarre, Karette
la faultsch	*faultsch*	Sense
la scua da nuegl	*schku-a da nu-älj*	Stallbesen

Landwirtschaftliche Produkte

la pischada	*pischada*	Butter
il garnezi	*garnezi*	Getreide
la jarva	*jarwa*	Gras, Kraut
il fein	*fein*	Heu
il caschiel	*kischiel*	Käse
il latg	*latj*	Milch
la grascha	*grascha*	Mist
il scharun	*scharun*	Molke, Sirte, Schotte
il mutschli	*mutschli*	Mutschli
la groma	*gråma*	Rahm
il strom	*schtråm*	Stroh
la launa	*läuna*	Wolle
il latg caura	*latj kaura*	Ziegenmilch
il tschagrun	*tschagrun*	Ziger

Ziger ist ein käseartiges Produkt, das durch Erhitzen von Milch oder Molke unter Zugabe von Säure gewonnen wird. Ein Mutschli ist ein kleiner Weichkäse.

Has ti mo vaccas brinas ni era grischas?
aß ti må wakaß brinaß ni ära grischaß
hast du nur Kühe braune oder auch graue
Hast du nur Braunvieh oder auch Grauvieh?

Braun- und Grauvieh sind zwei in den Alpen heimische Rinderrassen.

La vacca ei schetga.
la waka ei schätja
die Kuh ist trocken
Die Kuh steht trocken / ist galt.

Ella da bunamein buc latg.
äla da bunamein bùk latj
sie gibt fast nicht Milch
Sie gibt fast keine Milch.

Las gaglinas ovan bein.
las'galjinaß åwan bein
die Hennen eiern gut
Die Hennen legen viele Eier.

Die Brunst eines weiblichen Tieres – für Älpler kann das wichtig sein – lässt sich wie folgt ausdrücken:

La vacca gioga.
la waka djåga
die Kuh spielt
Die Kuh ist stierig.

La caura cuora.
la kaura kuora
die Ziege rennt
Die Ziege ist bockig.

La cogna cuora.
la kånja kuora
die Hündin rennt
Die Hündin ist läufig.

La hutscha cuora.
la hutscha kuora
die Sau rennt
Die Sau ist rauschig.

Jeu stoi far (giu) seiv.
jäu schtåi fa (dju) ßeif
ich muss machen (nieder) Zaun
Ich muss den Zaun aufbauen (abbauen).

Mit **far giu** bedeutet es hier „abbauen", lassen Sie **giu** weg, heißt es „aufbauen".

Nus duvrein puspei cuagl.
nus'duwrein puschpei ku-alj
wir brauchen wieder Lab
Wir brauchen wieder Lab.

Lab ist ein Ferment, das zur Käseherstellung gebraucht wird.

Nus fagein duas sorts caschiel caura.
nuß fidjein du-aß ßårz kis~~ch~~iel kaura
wir machen zwei(w) Sorten Käse Ziege
Wir machen zwei Sorten Ziegenkäse.

Inaga vevan nus buttersüre el caschiel.
inaga wäwan nuß butërsürë äl kis~~ch~~iel
einmal hatten wir Buttersäure im Käse
Einmal hatten wir Buttersäure im Käse.

Quel vein nus stuiu better naven.
kuel wein nuß schtu-iu bätër nawän
jener haben wir gemusst werfen fort
Den mussten wir wegwerfen.

Nus vein cauras peil camutsch e (bündner-)stralas.
nuß wein kauraß peil kamutsch ë (büntnër)schtralaß
wir haben Ziegen Fell Gämse und (bündner-)strahlig
Wir haben gämsfarbige Bergziegen und Bündner Strahlenziegen.

Nus vein surtut mugias pleinas.
nuß wein surtùt mudjas pleinaß
wir haben über-alles Mesen volle
Wir haben hauptsächlich trächtige Mesen (Rinder).

Rund um Land- und Alpwirtschaft

il fildirom	*fildiråm*	Draht
uar (ella ova)	*u-a (åwa)*	Eier legen (sie legt)
igl iver	*iwër*	Euter
s'encugliar (il latg s'encuaglia)	*ßëngkulja (ßëngku-alja)*	gerinnen (die Milch gerinnt)
far ansiel	*fa ansiel*	gitzeln, ein Zicklein bekommen
far anseuls	*fa ansäulß*	gitzeln, (mehrere) Zicklein bekommen
la bransina	*bransina*	Glocke
fenar (jeu feinel)	*fëna (feinël)*	heuen (ich heue)
far vadi *machen Kalb*	*fa wadi*	kalben
caschar (jeu caschel)	*kischa (kaschël)*	käsen (ich käse)
la cascharia	*kascharia*	Käserei
la caldera	*kaldera*	Kässi, Käsekessel
la cadeina	*kadeina*	Kette
il cuolm	*kuolm*	Maiensäss
mulscher	*mulschër*	melken
la stgella	*schtjäla*	Schelle
il clavau	*klawau*	Scheune
il nuegl, la stalla	*nu-älj, schtala*	Stall
la tiba	*tiba*	Tiba, Alphorn
la seiv	*ßeif*	Zaun
il tettel	*tetël*	Zitze

Schelle und Glocke

Eine Schelle ist geschmiedet, eine Glocke gegossen und teurer. In der Umgangssprache werden meist beide zusammengefasst, im Deutschen als Glocken, im Rätoromanischen dagegen als **stgellas.** Außerdem gibt es die Bezeichnung **plumpa** *plụmpa* für bestimmte Schellen. Wenn Sie nach deren genauer Bedeutung fragen, werden Sie vermutlich so viele unterschiedliche Antworten bekommen, wie Sie Personen befragen. Es bezeichnet meist eine besondere Form, wird aber hauptsächlich auf besonders große Schellen angewandt. Die im rätoromanischen Sprachgebiet ursprünglich nicht heimischen Treicheln (sehr große Schellen, die v. a. als Musikinstrumente dienen) werden meist auch als **plumpas** bezeichnet.

Tiba

Die Tiba ist die bündnerische Entsprechung zum Alphorn, kleiner als dieses, gerade und aus Metall. Der Name wurde auch auf das mittlerweile in Graubünden eingeführte Alphorn übertragen.

Maiensäss

Das Maiensäss war ursprünglich die Zwischenstufe der Alpwirtschaft, wo die Tiere im Frühjahr vor der Alpauffahrt, teils auch im Herbst, weideten. Heute werden Maiensässe oft nur noch privat genutzt, etwa als Wochenenddomizile.

Jagd und Fischerei

Im Spätsommer und Frühherbst werden Ihnen in Graubünden gewiss Jäger begegnen. Am 9. September beginnt die Jagdsaison (für Steinböcke erst im Oktober).

Für Älpler ist eine gewisse Gastfreundschaft gegenüber Jägern Tradition. Und manchmal bekommen Älpler ein Murmeltier oder eine Hirschleber geschenkt. Wenn Sie Jäger sind, beachten Sie, dass viele weidmännische Ausdrücke aus Deutschland und Österreich in der Schweiz nicht in Gebrauch sind. So spricht man nicht von Rotwild, sondern von Rothirschen, das Weibchen und das Männchen heißen nicht Rottier und Rothirsch, sondern Hirschkuh und Hirschstier, im Rätoromanischen wörtlich gleich.

Oz ha la catscha entschiet.
åz a la katscha ëntschiet
heute hat die Jagd begonnen
Heute hat die Jagd begonnen.

Ils catschadurs enqueran tscharvas e camutschs.
ilß katschadurß ëngkueran tscharwas'ë kamutschß
die Jäger suchen Hirsche und Gämsen
Die Jäger suchen Hirsche und Gämsen.

Levas in caffè avon la catscha?
läwaß in kafä awån la katscha
wolltest ein Kaffee vor die Jagd
Möchtest du vor der Jagd einen Kaffee?

Il Beat ha sittau ina tscharva cun diesch roms.
il be-at a ßitau ina tscharwa kun diesch råmß
der Beat hat geschossen eine Hirsch mit zehn Zweige
Beat hat einen Zehnender geschossen.

Il Gieri ha schenghegiau a nus in dir tscharva.
il djieri a schänggëdjau a nuß in dir tscharwa
der Gieri hat geschenkt zu uns ein Leber Hirsch
Gieri (Georg) hat uns eine Hirschleber geschenkt.

Das Fernglas wird in Graubünden „Spiegel" genannt und so heißt es auch auf Rätoromanisch **il spieghel** *schpiegël* (Pl **spiaghels** *schpiagëlß*).

Wild

il camutsch	*kamutsch*	Gämse
la muntaniala	*muntaniala*	Murmeltier, Mungg
la tscharva	*tscharwa*	Hirsch
il cavriel (Pl **cavreuls**)	*kawriel (kawräulß)*	Reh
il capricorn	*kaprikårn*	Steinbock

Ein Hirsch ist in Graubünden immer ein Rothirsch. Die Bezeichnung **tschierv** (Pl **tscharvs**) können Sie im Wörterbuch als das gewöhnliche Wort für „Hirsch" finden, und **tscharva** ist dort die Bezeichnung für das weibliche Tier. Dies entspricht heute nicht mehr dem Sprachgebrauch der surselvischen Alltagssprache. Stattdessen sagt man **tscharva** für beide Geschlechter.

Jungtiere (Wild)

Um beim Wild die Geschlechter sowie das Jungtier zu bezeichnen, verwendet man folgende Bezeichnungen:

la vacca	*waka*	Kuh
il taur	*taur*	Stier
il vadi (Pl **vadials**)	*wadi (wadialß)*	Kalb
la caura	*kaura*	Geiß
il buc	*bùk*	Bock
igl ansiel (Pl **anseuls**)	*ansiel (ansäulß)*	Kitz

Für Hirsche werden die ersten drei verwendet: **la vacca tscharva** „die Hirschkuh". Für Rehe, Gämsen und Steinböcke gelten die letzten drei: **il buc cavriel** „der Rehbock". Zur Pluralbildung wird nur das erste Wort in den Plural gesetzt: **dus anseuls cavriel** „zwei Rehkitze".

Für „Gehörn" und „Geweih" sagt man unterschiedslos **la corna** *kårna* (einzelnes Horn: **il tgiern** *tjiern,* Pl **corns**). Es gibt für „Geweih" aber auch **la cornadira** *kårnadira.* Einen Kronenhirsch **(la tscharva cun cruna)** darf man normalerweise nicht schießen. In manchen Jahren ist es an einzelnen Tagen erlaubt.

Fischen

Das Fischen ist in Graubünden nur an bestimmten Tagen erlaubt:

La pesca ei oz scumandada.
la päschka ei åz schkumandada
die Fischfang ist heute verboten
Das Fischen ist heute verboten.

Contas litgivas has ti pigliau?
kåntaß litjiwaß aß ti piljau
wieviele Forellen hast du gefangen
Wie viele Forellen hast du gefangen?

Neben **litgiva** für „Forelle“ kann Ihnen auch das umgangssprachliche **forella** *[forāla]* begegnen.

Jeu magliel bugen pèsch.
jäu maljël budjän päsch
ich esse gern Fisch
Ich esse gern Fisch.

Achten Sie darauf, das **è** in **pèsch** offen (wie ä) zu sprechen, denn **pésch** [pesch] heißt „Urin“ ...

Übernachten

In Graubünden können Sie im Hotel oder in einer Ferienwohnung übernachten. Natürlich gibt es auch Urlaub auf dem Bauernhof. Preiswert sind Übernachtungen in der Scheune (wie von manchen Bauernhöfen angeboten). Für viele Landwirte ist der Fremdenverkehrsbetrieb ein willkommenes Zubrot zur Landwirtschaft, die heute nicht mehr so einträglich ist wie viele andere Berufszweige.

Jeu enquerel ina habitaziun da vacanzas.
jäu ëngkuerël ina habitaziun da wakanzaß
ich suche eine Wohnung von Ferien
Ich suche eine Ferienwohnung.

Jeu enquerel in hotel bienmarcau.
jäu ängkuerël in hotäl bienmarkau
ich suche ein Hotel billig
Ich suche ein preiswertes Hotel.

Veis Vus aunc ina combra libra?
weiß wuß äun ina kåmbra libra
habt ihr noch eine Zimmer freie
Haben Sie noch ein freies Zimmer?

Mo per mei.
må për mei
nur für mich
Für mich alleine.

Per duas / treis persunas.
pär du-aß / treiß pärßunaß
für zwei(w) / drei Personen
Für zwei / drei Personen.

Per ina notg.
pär ina nåtj
für eine Nacht
Für eine Nacht.

Jeu stun tschun notgs.
jäu schtun tschun nåtjß
ich stehe fünf Nächte
Ich bleibe fünf Nächte.

Ha la combra ... ?
a la kåmbra ...
Hat das Zimmer ... ?

... funcziunescha buc.
... fungkziunescha bùk
... funktioniert nicht.

ina / la duscha	*duscha*	eine / die Dusche
(l')aua freida	*au-a freida*	(das) Kaltwasser
(l')aua caulda	*au-a kaulda*	(das) Warmwasser
in balcun	*balkun*	einen Balkon
in / il televisur	*tälëwisur*	einen / der Fernseher
ina / la colligiaziun digl internet	*kålidjaziun dilj intërnät*	einen / der Internet-anschluss

Cu vegn il solver survius?
ku wänj il ßålwër ßurwiuß
wann kommt der Frühstück serviert
Wann gibt es Frühstück?

Preparei il quen, fagei schi bien.
preparei il kuen fidjei schi bien
bereitet der Rechnung macht so gut
Bitte machen Sie die Rechnung fertig.

Jeu less / Nus lessen partir damaun.
jäu läß / nuß läßën parti damäun
ich möchte / wir möchten abreisen morgen
Ich möchte / Wir möchten (morgen) abreisen.

Sai jeu pagar cun carta da credit?
ßai jäu paga kun karta da kredit
kann ich bezahlen mit Karte von Kredit
Kann ich mit Kreditkarte bezahlen?

Essen und Trinken

Da Graubünden landwirtschaftlich geprägt ist, gibt es viele heimische Produkte tierischen und pflanzlichen Ursprungs, die es wert sind, gekostet zu werden. Guten Appetit dabei! Falls Sie Pilze sammeln möchten, beachten Sie, dass es hierfür in Graubünden genaue Regeln gibt, wie etwa bestimmte Tage, an denen das Sammeln verboten ist, und eine Maximalmenge pro Person.

Frühstück

il paun	*päun*	Brot
la pischada	*pischada*	Butter
igl iev (Pl **ovs**)	*ief (åfs)*	Ei
las floccas d'aveina	*flåkaß d'aweina*	Haferflocken
la haferflocka	*haférflåka*	Haferflocken *(umgangssprachl.)*
il mèl d'aviuls	*mäl d'awiulß*	(Bienen-)Honig
il caschiel	*kischiel*	Käse
il mèl	*mäl*	Konfitüre, Marmelade (*a:* Honig)
la margarina	*margarina*	Margarine
il müesli	*müeßli*	Müsli
la cugliada	*kuljada*	Quark
il paun ner *der Brot schwarzer*	*päun ner*	Ruchbrot (Halbvollkornbrot)
il paun alv	*päun alf*	Weißbrot
la ligiongia	*lidjåndja*	Wurst

Gemüse und Getreide(-produkte)

il carflur	*karflur*	Blumenkohl
il finotg	*finåtj*	Fenchel
la verdura	*wärdura*	Gemüse
la cucumera	*kukumëra*	Gurke
il truffel	*trufël*	Kartoffel
il baguos	*baguoß*	Kohl
igl urteis	*urteiß*	Mangold

il ris en latg *der Reis in Milch*	*riß ën latj*	Milchreis
la carotta	*karåta*	Möhre, Karotte
la riebla	*riepla*	Möhre („Rüebli“)

carotta „Möhre“ heißt es vor allem in der geschriebenen Sprache, **riebla** eher in der gesprochenen Sprache.

la paprica	*paprika*	Paprika
il buliu	*buliu*	Pilz
il ris	*riß*	Reis
la randa	*randa*	Rote Bete, Rande
la salata	*ßalata*	Salat
il crut asch	*krut asch*	Sauerkraut
la tomata	*tomata*	Tomate
la tschaguola	*tschaguola*	Zwiebel

Gewürze

igl agl d'uors *der Knoblauch von Bär*	*alj d'uorß*	Bärlauch
igl ischiu	*ischiu*	Essig
igl agl	*alj*	Knoblauch
il curetg	*kurätj*	Kümmel
igl ieli	*ieli*	Öl
il peiver	*peiwër*	Pfeffer
il sal	*ßal*	Salz
il timian	*timian*	Thymian
il zucher	*zukër*	Zucker

Obst und Nüsse

il meil (Koll **meila**)	*meil*	Apfel
la banana	*banana*	Banane
il pér (Koll **péra**)	*per*	Birne
la puauna nera	*pu-äuna nera*	Brombeere
il farbun	*farbun*	Erdbeere
la nitschola	*nitschåla*	Haselnuss
igl izun	*izun*	Heidelbeere
la puauna	*pu-äuna*	Himbeere
la tschërescha	*tschërescha*	Kirsche
la puma	*pùma*	Obst
la nusch	*nusch*	Walnuss, Baumnuss

Getränke

Eine ausführliche Liste von Milchprodukten finden Sie im Kapitel „Landwirtschaft“.

la bubronda	*bubrånda*	Getränk
igl alcohol	*alkohål*	Alkohol
l'aua	*au-a*	Wasser
l'aua minerala	*au-a minërala*	Mineralwasser
il caffè	*kafä*	Kaffee
il caffè cun latg	*kafä kun latj*	Milchkaffee
il latg cauld	*latj kaul*	heiße Milch
il latg freid	*latj freit*	kalte Milch
il te	*tä*	Tee
il te ner	*tä ner*	Schwarztee

il te da jarvas	*tä da jarwaß*	Kräutertee
il te da gliendas	*tä da ljändaß*	Lindenblütentee
il suc	*ßùk*	Saft
il suc da puaunas	*ßùk da pu-äunaß*	Himbeersaft
il suc da péra	*ßùk da pera*	Birnensaft
la limonada	*limonada*	Limonade
la rivella	*riwäla*	„Rivella" (Schweizer Limonadenmarke)
la tschugalata caulda	*tschugalata kaulda*	heiße Schokolade
la gervosa	*djërwåsa*	Bier
la biera	*biera*	Bier
il vin tgietschen	*win tjietschën*	Rotwein
il vin alv	*win alf*	Weißwein
il must dultsch	*mùscht dultsch*	Süßmost, Apfelsaft
il must asch	*mùscht asch*	Sauermost, Apfelwein

Die bekannteste Biermarke Graubündens ist „Calanda", das in Chur nach dem deutschen Reinheitsgebot gebraut wird. Ein inhaltlicher Unterschied zwischen **gervosa** und **biera** besteht nicht, das Letztere wird eher als deutsches Wort empfunden.

Jeu less ina scadiola te da menta.
jäu läß ina schkadiåla tä da mänta
ich möchte eine Tasse Tee von Minze
Ich möchte eine Tasse Pfefferminztee.

Jeu less in migiel latg freid.
jäu läß in midjiel latj freit
ich möchte ein Glas Milch kalter
Ich möchte ein Glas kalte Milch.

Jeu less in migiel vin tgietschen.
jäu läß in midjiel win tjietschën
ich möchte ein Glas Wein roter
Ich möchte ein Glas Rotwein.

Viva!
wiwa
lebe
Prost!

Viva heißt nicht wie im Spanischen und Italienischen „er / sie / es lebe", es ist nicht die Möglichkeitsform, sondern die Befehlsform „lebe" oder „lebe hoch", ist aber so zur Formel geworden, dass es auch gesagt wird, wenn mehrere Menschen angesprochen sind. Wenn jemand anders als die angesprochene Person hochleben soll, sagt man **el / ella vivi** *äl / äla wiwi* „er / sie lebe hoch".

Im Restaurant

l'ustria	*uschtri-a*	Gasthaus
il restaurant	*räschtauran*	Restaurant
il caffè	*kafä*	Café

Man liest heute auch die Schreibung **café.**

Nua sai jeu magliar bein / bienmarcau?
nu-a ßai jäu milja bein / bienmarkau
wo kann ich essen gut / billig
Wo kann ich gut / preiswert essen?

Ei quei plaz aunc libers?
ei kuei plaz äun libërß
ist jener Platz noch frei
Ist der Platz noch frei?

Jeu vess bugen ...
jäu wäß budjän ...
ich hätte gerne ...
Ich hätte gerne ...

la suppa	*ßupa*	Suppe
la carn	*karn*	Fleisch
il pèsch	*päsch*	Fisch
igl avonpast	*awånpascht*	Vorspeise
la tratga principala	*tratja prinzipala*	Hauptgericht
il dessert	*däßärt*	Nachspeise
il menü	*menü*	Menü
la tratga dil di	*tratja dil di*	Tagesgericht
la gliesta da tratgas	*ljäschta da tratjaß*	Speisekarte
la porziun	*porziun*	Portion

Geschirr und Besteck finden Sie im Kapitel „Zu Gast sein".

Veis Vus aunc ...?
weiß wuß äun ...
habt ihr noch ...
Haben Sie noch ...?

Ei maunca / mauncan ...
ei mäungka / mäungkan ...
es fehlt / fehlen ...
Es fehlt / fehlen ...

Quei hai jeu buca cumandau.
kuei ai jäu buka kumandau
das habe ich nicht bestellt
Das habe ich nicht bestellt.

Der Kanton Graubünden, für den Viehhaltung und Jagd eine große Rolle spielen, ist nicht gerade die Hochburg der vegetarischen Ernährung. Dennoch dürften Sie recht problemlos auch fleischloses Essen finden. Schwieriger wird es allerdings, wenn Sie vegan leben, also auch ohne Milch. Wenn Sie eingeladen sind und man Ihnen Fleisch anbietet, können Sie es als Vegetarier problemlos ablehnen.

Jeu magliel buca carn / pèsch.
jäu maljël bùka karn / päsch
ich esse nicht Fleisch / Fisch
Ich esse kein Fleisch / keinen Fisch.

Veis Vus enzatgei vegetar?
weiß wuß ënzitjei wedjëtar?
habt ihr etwas vegetarisch
Haben Sie etwas Vegetarisches?

Bien appetit!
bien apëtit
guter Appetit
Guten Appetit!

Graubündner Spezialitäten

In Graubünden sind vor allem aus Fleisch und Getreide Spezialitäten entstanden. Auch das Bäckerhandwerk hat einiges zu bieten.

ils truffels barsai	*trufëlß barßai*	Röst-, Bratkartoffeln, Rösti
ils bizochels (Sg **biziechel**)	*bizåkëlß (biziekël)*	Teigwaren, ähnl. den südwestdeutschen Spätzle u. Knöpfle
ils capuns	*kapùnß*	Mangoldwickel, verschiedene Rezepte, meist mit Fleisch
la pulenta	*pulänta*	Polenta, Maisbrei
ils tagliarins	*taljarinß*	hausgemachte Nudeln
la carn sechentada	*karn ßekëntada*	getrocknetes Fleisch
ils maluns	*malùnß*	eine Mehlspeise mit Kartoffeln
igl andutgel	*andutjël*	Salsiz, Bauernwurst
igl asch da tscharva	*asch da tscharwa*	Hirschpfeffer

Backwaren und Nachtisch

il dessert	*däßärt*	Nachtisch
la tuorta	*tuorta*	Kuchen, Torte
la tuorta da cugliada	*tuorta da kuljada*	Quarktorte
il cornet	*kårnät*	Gipfel, Croissant
il cornet da nuschs	*kårnät da nuschß*	Nussgipfeli, -croissant
la schnecca	*schnäka*	Schnecke
il cost da nuschs	*kåscht da nuschß*	Nussstängel
la tuorta da nuschs	*tuorta da nuschß*	Bündner Nusstorte
la vetga da péra	*wätja da pera*	Birnweggen, -brötchen
igl uegl	*u-älj*	Bienenstich
il tustget da meila	*tuschtjät da meila*	Apfelkrapfen
il schelau, il glatsch	*~~sch~~ëlau, glatsch*	Eis(krem), Glace

Die Bündnerromanen sind sich nicht ganz einig, ob sie Speiseeis nach französischem und deutschem Vorbild **glatsch** (wie Wassereis) oder aber nach italienischem Vorbild **schelau** (wörtlich „Gefrorenes“, italienisch „gelato“) nennen. Auf der Suche nach Süßem werden Sie hier fündig:

la pasternaria	*pischtërnari-a*	Bäckerei
la conditoria	*kånditori-a*	Konditorei

Bezahlen

Il quen per plascher.
il kuen pär pla~~sch~~e
der Rechnung für Vergnügen
Die Rechnung, bitte.

Jeu creiel, quei ei in sbagl.
jäu krei-ël kuei ei in ~~sch~~balj
ich glaube jenes ist ein Irrtum
Ich glaube, das ist ein Irrtum.

Trinkgeld (**la bunamana** *bunamana*) können Sie in ähnlicher Höhe wie in Deutschland geben.

Il rest ei per Vus.
il räscht ei për wuß
der Rest ist für ihr
Der Rest ist für Sie.

Einkaufen und Verkaufen

Wenn Sie zur Alp sind, werden Sie vermutlich auch selber Gelegenheit zum Verkaufen haben, z. B. Milch und Käse. Aber zunächst können Sie sich erst einmal orientieren:

Nua sai jeu cumprar ... ?
nu-a ßai jäu kumpra ...
wo kann ich kaufen ...
Wo kann ich ... kaufen?

Nua san ins cumprar ... ?
nu-a ßan inß kumpra ...
wo können man kaufen ...
Wo kann man ... kaufen?

marcas postalas	*markaß poschtalaß*	Briefmarken
cudischs	*kùdischß*	Bücher
vestgadira	*wäschtjadira*	Kleidung

victualias	*wiktu-aliaß*	Lebensmittel
pupi	*pupi*	Papier
cartas postalas	*kartaß poschtalaß*	Postkarten
calzers	*kalzäß*	Schuhe
regurdientschas	*rëgurdi-äntschaß*	Souvenirs
uaffen	*u-afën*	Werkzeug

Nua eisi ina stizun da verduras?
nu-a eisi ina schtizun da wärduraß
wo ist-es eine Geschäft von Gemüse
Wo gibt es einen Gemüseladen?

Cu ei il negozi aviarts?
ku ei il negåzi awiarz
wann ist der Geschäft geöffnet
Wann ist das Geschäft geöffnet?

Con cuosta quei?
kån kuoschta kuei
wie-viel kostet jenes
Wie viel kostet das?

Cu eis ei il di da marcau?
ku eis'ei il di da markau
wann ist es der Tag von Markt
Wann ist Markttag?

Quei cuosta ...
kuei kuoschta ...
jenes kostet ...
Das kostet ...

Quei ei memia car per mei.
kuei ei memia kar pär mei
jenes ist zu teuer für mich
Das ist mir zu teuer.

Sai jeu pagar cun carta?
ßai jäu paga kun karta
kann ich bezahlen mit Karte
Kann ich mit Karte bezahlen?

Veis Vus enzatgei pli bienmarcau?
weiß wuß änzitjei pli bienmarkau
habt ihr etwas mehr billig
Haben Sie etwas Preiswerteres?

Jeu sai buc sedecider.
jäu ßai bùk ßëdëzidër
ich kann nicht sich-entscheiden
Ich kann mich nicht entscheiden.

Verkaufen

Nus astgein vender latg, ...
nus'aschtjein wendër latj ...
wir dürfen verkaufen Milch ...
Wir dürfen Milch verkaufen, ...

... aber gromma e pischada astgein nus buc vender.
... abër gråma ë pischada aschtjein nuß bùk wendër
... aber Rahm und Butter dürfen wir nicht verkaufen
... aber Rahm und Butter dürfen wir nicht verkaufen.

In migiel latg freid cuosta navonta raps.
in midjiel latj freit kuoschta nawånta rapß
ein Glas Milch kalter kostet neunzig Rappen
Ein Glas kalte Milch kostet neunzig Rappen.

In kilo caschiel cuosta schotg francs, ...
in kilo kischiel kuoschta schåtj franß, ...
ein Kilo Käse kostet achtzehn Franken, ...
Ein Kilo Käse kostet achtzehn Franken, ...

... ina entira magnucca sedisch francs il kilo.
... ina ëntira minjùka ßädisch franß il kilo
... eine ganze Laib sechzehn Franken der Kilo
... ein ganzer Laib sechzehn Franken pro Kilo.

Levas ti schigiar in toc caschiel?
läwaß ti schidja in tåk kischiel
wolltest du testen ein Stück Käse
Möchtest du ein Stück Käse probieren?

Lesses Vus caschiel giuven ni veder?
läßëß wuß kischiel djuwën ni wedër
möchtet ihr Käse junger oder alter
Möchten Sie jungen oder alten Käse?

Quei caschiel ei aunc giuvens / gia veders.
kuei kischiel ei äun djuwënß / dja wedërß
jener Käse ist noch jung / schon alt
Dieser Käse ist noch jung / schon alt.

Beachten Sie den Unterschied zwischen **veder** *wedër* und **vegl** *welj,* die beide das deutsche Wort „alt“ wiedergeben: **veder** ist alles, was nicht mehr ganz neu ist (auch z. B. jegliche Secondhand-Ware), **vegl** ist etwas wirklich Altes. Ein drei Jahre alter Käse ist **in caschiel vegl,** ein zwei Monate alter Käse ist hingegen **in caschiel veder.**

Kleidung

trer en (jeu traiel en, nus targein en)	*trä än (trai-ël än, tardjein än)*	anziehen (ich ..., wir ...)
trer o(ra)	*trä å(ra)*	ausziehen
il von	*wån*	Handschuh
il scalfin	*schkalfin*	Hausschuh
la camischa	*kamischa*	Hemd
las caultschas (meist Pl)	*kaultschaß*	Hose

la capiala	*kapiala*	Hut
la giacca	*djaka*	Jacke
las caultschas suten	*kaultschaß ßutän*	Unterhose
il manti (Pl **mantials**)	*manti (mantialß)*	Mantel
il mantel	*mantël mantël*	Mantel
la capetscha	*kapetscha*	Mütze
il pullover	*pulåwër*	Pullover
il mantel da plievgia	*mantël da pliewdja*	Regenmantel
la sandala	*ßandala*	Sandale
il schal	*schal*	Schal
il calzer	*kalzä*	Schuh
la pigiama	*pidjama*	Schlafanzug
las caultschas da skiunzs	*kaultschaß da schki-ünz*	Skihose
la stivla	*schtifla*	Stiefel
il caltschiel (Pl **caltscheuls**)	*kaltschiel (kaltschäulß)*	Strumpf

Kunsthandwerk

In Graubünden gibt es recht viele Schreinereien. Doch es sind eher die Köche und Bäcker, die Graubünden besonders auszeichnen.

la cheramica	*keramika*	Keramik
la tiaracotga	*tiarakåtja*	Terrakotta
il maletg	*malätj*	Gemälde
las textilias	*täxtiliaß*	Textilien
igl art	*art*	Kunst
igl art d'entagliar	*art d'ëntilja*	Holzschnitzerei
la scrinaria	*schkrinari-a*	Schreinerei

Buchhandlung

In Graubünden gibt es eine reichhaltige Literatur in und über Rätoromanisch. Wenn Sie eine rätoromanische Schriftsprache lernen möchten, bieten sich einige Kinderbücher an. Die gibt es in verschiedenen Dialekten. Graubünden ist für seine Kinderbücher bekannt, außerdem gibt es einige rätoromanische Übersetzungen deutschsprachiger Literatur.

la libraria	*librari-a*	Buchhandlung
la papetaria	*papëtari-a*	Schreibwaren-geschäft
il cudisch (da ...)	*kùdisch (da ...)*	Buch (von ...)
il cudisch sin romontsch	*kùdisch ßin romåntsch*	Buch auf Rätoromanisch
il cudisch per affons *der Buch für Kinder*	*kùdisch pär afånß*	Kinderbuch
il cudisch da praulas *der Buch von Märchen (Pl)*	*kùdisch da praulaß*	Märchenbuch
il vocabulari	*wåkabulari*	Wörterbuch
... romontsch – tudestg	*romåntsch tudäschtj*	Rätoromanisch – Deutsch
... talian – romontsch	*talian romåntsch*	Italienisch – Rätoromanisch

Ein bekanntes Buch mit Bildern von Alois Carigiet [karidjät], der in der Surselva zu Hause war, ist der „Schellenursli", surselvisch **„Uorsin"**, geschrieben von der Engadinerin Selina Chönz *[tjönz]*. Es gibt eine zweisprachige Ausgabe in Surselvisch und Engadinisch.

Ei quei cudisch el lungatg dad oz?
ei kuei kùdisch äl lunggatj dad'åz
ist jener Buch in-der Sprache von heute
Ist das Buch in heutiger Sprache?

Eis el adattaus per in entschevider?
eis'ël adatauß pär in äntschëwidër
ist er geeignet für ein Anfänger
Ist es für einen Anfänger geeignet?

Quei cudisch ei memia grevs per mei.
kuei kùdisch ei memia gräfß për mei
jener Buch ist zu schwierig für mich
Das Buch ist mir zu schwierig.

Quei cudisch plai fetg a mi. Quel cumprel jeu.
kuei kùdisch plai fätj a mi kuel kùmprël jäu
jener Buch gefällt sehr zu mir jener kaufe ich
Dieses Buch gefällt mir sehr. Das kaufe ich.

Fotografieren

Bevor Sie fremde Personen fotografieren, versteht es sich von selbst, dass Sie fragen:

Sai jeu far ina fotografia (da Vus)?
ßai jäu fa ina fåtografi-a (da wuß)
kann ich machen eine Foto (von euch)
Kann ich ein Foto (von Ihnen) machen?

Manche Wörter sind wenig bekannt. Wenn Sie etwa den Blitz Ihres Fotoapparates benennen wollen, können Sie das mit **ca-metg** *kamätj* wörtlich übersetzen oder gleich das deutsche Wort verwenden.

Ardeis Vus fotografias sin disc compact?
ardeiß wuß fåtografi-aß ßin dischk kåmpakt
brennt ihr Fotos auf Disk kompakt
Brennen Sie Fotos auf CD?

igl apparat da fotografar	*aparat da fotografa*	Fotoapparat
la camera digitala	*kamëra didjitala*	Digitalkamera
il stativ	*schtatif*	Stativ
igl objectiv	*åbjäktif*	Objektiv

Telefon, Post, Bank und Geld

Natürlich spricht jeder Postbeamte in der Surselva fließend Deutsch, aber Sie können es dennoch gerne in Rätoromanisch versuchen.

Jeu less ina marca postala per ina brev en Austria.
jäu läß ina marka påschtala për ina bräf ën auschtria
ich möchte eine Marke postalische für eine Brief in Österreich
Ich möchte eine Briefmarke für einen Brief nach Österreich.

Jeu less ina marca postala per ina brev en Tiaratudestga.
jäu läß ina marka påschtala për ina bräf ën tiaratudäschtja
ich möchte eine Marke postalische für eine Brief in Deutschland
Ich möchte eine Briefmarke für einen Brief nach Deutschland .

igl uffeci postal *der Amt postalischer*	*ufezi påschtal*	Postamt
la marca postala *die Marke postalische*	*marka poschtala*	Briefmarke
il telefon	*tälëfån*	Telefon
il telefon public *der Telefon öffentlicher*	*tälëfån publik*	öffentliches Telefon
il discuors telefonic *der Gespräch telefonischer*	*dischkuorß telefånic*	Telefon-gespräch
il cudisch da telefon *der Buch von Telefon*	*kudisch da tälëfån*	Telefonbuch
il natel	*natäl*	Mobiltelefon, Handy, Natel
il numer da telefon *der Nummer von Telefon*	*numër da tälëfån*	Telefonnum-mer
telefonar **(jeu telefoneschel)**	*tälëfona*	anrufen (ich ...)

Man ruft nicht „wen“ an, sondern (wie im Alemannischen) „wem“. Am Telefon meldet man sich üblicherweise mit dem Namen.

Jeu telefoneschel a ti.
jäu tälëfoneschël a ti
ich telefoniere zu dir
Ich rufe dich an.

Tgi tschontscha?
tji tschåntscha
wer spricht
Wer spricht?

Cheu ei ...
käu ei ...
hier ist ...
Hier spricht ...

Sai jeu tschintschar cun ... ?
ßai jäu tschintscha kun ...
kann ich sprechen mit ...
Kann ich ... sprechen?

El / Ella ei buca cheu.
äl / äla ei bùka käu
er / sie ist nicht hier
Er / Sie ist (nicht) da.

Jeu telefoneschel puspei inaga pli tard.
jäu tälëfoneschël puschpei inaga pli tart
ich telefoniere wieder einmal mehr spät
Ich rufe später nochmal an.

Eine Entsprechung des deutschen „Auf Wiederhören" gibt es nicht. Nehmen Sie die üblichen Abschiedswendungen wie **adia** *adi-a* oder **tgau** *tjau.*

Faulsa communicaziun.
faulßa kåmunikaziun
falsche Verbindung
Falsch verbunden.

Igl ei occupau.
ilj ei åkupau
es ist besetzt
Es ist besetzt.

igl SMS	*äßämäß*	SMS
il smartphone	*smartfon*	Smartphone

Bank und Geld

Die Währungseinheit ist nach wie vor der Schweizer Franken.

Nua sai jeu scumiar daners?
nu-a ßai jäu schkumia danäß
wo kann ich wechseln Geld
Wo kann ich Geld wechseln?

Das Wort **daner** „Geld" wird meistens im Plural benutzt, also **daners,** im Singular vor allem im Sinn von „Geldstück".

la banca	*bangka*	Bank
la bancnota	*bangknåta*	Banknote, Schein
il daner	*danä*	Münze, Geldstück
il franc (svizzer)	*fran (schwizër)*	Schweizer Franken
il rap	*rap*	Rappen
igl euro	*äuro / åiro*	Euro
l biro da scumiar	*birå da schkumia*	Wechselstube
il cuors da scumiada	*kuorß da schkumiada*	Wechselkurs
il cambi	*kambi*	Geldwechsel

Jeu less scumiar euros en francs.
jäu läß schkumia åiroß än franß
ich möchte wechseln Euros in Franken
Ich möchte Euro in Franken umtauschen.

Bei der Polizei

Falls Ihnen etwas zugestoßen sein sollte oder Sie bestohlen worden sind und Sie lieber Deutsch reden, wird man Sie natürlich verstehen. Wenn Sie es dennoch in Rätoromanisch probieren möchten, können die folgenden Sätze vielleicht hilfreich sein.

Jeu drovel in polizist.
jäu dråwël in polizischt
ich brauche ein Polizist
Ich brauche einen Polizisten.

Nua ei il post da polizia?
nu-a ei il påscht da polizia
wo ist der Posten von Polizei
Wo ist die Polizeiwache?

Enzatgi ha engulau mia buorsa.
ënzitji a ënggulau mi-a buorßa
jemand hat gestohlen meine Börse
Jemand hat meinen Geldbeutel gestohlen.

Miu velo ei svanius.
miu wälo ei ~~sch~~waniuß
mein Fahrrad ist verschwunden
Mein Fahrrad ist verschwunden.

Miu passaport ei vegnius engulaus.
miu paßapårt ei wenjiuß ënggulauß
mein Pass ist gekommen gestohlen
Mein Reisepass ist gestohlen worden.

Wenn Sie statt **velo** und **passaport** weibliche Nomen in die obenstehenden Sätze einsetzen, müssen Sie auch die Partizipien angleichen: **svanida** bzw. **vegnida engulada.** In der Schweiz heißt der Personalausweis „Identitätskarte“:

Jeu vai piars mia carta d'identitad.
jäu wai piarß mi-a karta d'idäntitat
ich habe verloren meine Karte von Identität
Ich habe meinen Personalausweis verloren.

Wenn Not am Mann ist können Sie natürlich auch auf Deutsch um Hilfe rufen, aber verstehen sollten Sie es auch:

Agid!
adjit
Hilfe
Hilfe!

Krank sein

Im Ernstfall können Sie mit jedem Arzt in der Surselva auch Deutsch sprechen. Falls Sie in der Schweiz beschäftigt sind, wird sich Ihr Arbeitgeber um die Krankenversicherung bemühen. Andernfalls beantragen Sie als Ausländer vor Antritt Ihrer Reise bei Ihrer Krankenkasse eine Bescheinigung, die Sie bei einer Schweizer Krankenkasse gegen einen Krankenschein umtauschen können. Lassen Sie sich vom behandelnden Arzt eine **quittanza** *[kuitanza]* „Quittung" für die Versicherung ausstellen, falls Sie in Vorkasse gehen müssen.

Jeu sun malsauns / malsauna.
jäu ßun malßäunß / malßäuna
ich bin krank(m/w)
Ich bin krank. *(sagt Mann / Frau)*

il miedi (d'urgenza)	*miedi (d'urdjänza)*	(Not-)Arzt
il dentist	*däntischt*	Zahnarzt
igl oculist	*åkulischt*	Augenarzt
il tierm (Pl **tiarms)**	*tierm (tiarmß)*	Termin
il spital	*schpital*	Krankenhaus
igl auto da malsauns	*auto da malßäunß*	Krankenwagen
la cassa da malsauns	*kaßa da malßäunß*	Krankenkasse
la segirada	*ßedjirada*	Versicherung

Jeu vai mal il tgau / las ureglias.
jäu wai mal il tjau / las'ureljaß
ich habe Schmerz der Kopf / die Ohren
Ich habe Kopf- / Ohrenschmerzen.

Jeu sun sefatgs / sefatga mal vid ina comba.
jäu ßun ßëfatjß / ßëfatja mal wid'ina kåmba
ich bin sich-gemacht(m/w) Übel an eine Bein
Ich habe mich am Bein verletzt.
(sagt Mann / Frau)

Jeu hai giu in accident da skis.
jäu ai dju in akzidän da schkiß
ich habe gehabt ein Unfall von Skier
Ich hatte einen Skiunfall.

Jeu creiel che miu bratsch ei ruts.
jäu krei-ël kë miu bratsch ei rùz
ich glaube dass mein Arm ist gebrochen
Ich glaube, dass mein Arm gebrochen ist.

Jeu sun en speronza.
jäu ßun än schperånza
ich bin in Hoffnung
Ich bin schwanger.

Jeu vai diabetica.
jäu wai di-abätika
ich habe Diabetes
Ich habe Diabetes.

Jeu stoi rietscher.
jäu schtåi rietschër
ich muss erbrechen
Ich muss mich übergeben.

Jeu vai schliet.
jäu wai schliet
ich habe schlecht
Mir ist übel.

Jeu hai il sturnezi.
jäu ai il schturnezi
ich habe den Schwindel
Mir ist schwindelig.

Jeu vai (buca) febra.
jäu wai (bùka) fäbra
ich habe (nicht) Fieber
Ich habe (kein) Fieber.

Jeu vai in'allergia encunter ...
jäu wai in'alärdji-a ëngkuntër ...
ich habe eine'Allergie gegen ...
Ich bin allergisch gegen ...

aspirin	*aschpirin*	Aspirin
penicillin	*penizilin*	Penicillin

Miu spieghel ei ruts.
miu schpiegël ei rùz
mein Spiegel ist gebrochen
Meine Brille ist kaputt.

Nua sai jeu schar reparar miu spieghel?
nu-a ßai jäu scha repara miu schpiegël
wo kann ich lassen reparieren mein Spiegel
Wo kann ich meine Brille reparieren lassen?

Krankheiten

il sida	*ßida*	Aids
la malsogna	*malßånja*	Krankheit
la grippa	*gripa*	Grippe
l'inflammaziun	*inflamaziun*	Entzündung
la febra	*fäbra*	Fieber
il mal il culiez	*mal il kuliez*	Halsschmerzen
la morsa / miersa da tgaun	*mårßa / mierßa da tjäun*	Hundebiss
la tuos	*tuoß*	Husten
la ruttadira d'in ies	*rutadira d'in ieß*	Knochenbruch
la struha	*schtruha*	Schnupfen, Erkältung
la plaga	*plaga*	Wunde
il mal ils dents	*mal ils'dänß*	Zahnschmerzen

Der Körper

il bratsch (Koll **bratscha**)	*bratsch (bratscha)*	Arm
igl egl	*elj*	Auge
il venter	*wäntër*	Bauch
la comba	*kåmba*	Bein

la scufla	*schkufla*	(Harn-)Blase
il saung	*ßäun*	Blut
il pèz	*päz*	Brust(korb)
il sein	*ßein*	Brust (weibliche)
il begl (Koll **beglia**)	*belj (belja)*	Darm
il cumbel	*kùmbël*	Ellenbogen
il det (Koll **detta**)	*dät(a)*	Finger
il pei	*pei*	Fuß
il tgil	*tjil*	Gesäß, Po
il culiez	*kuliez*	Hals
il maun	*mäun*	Hand
il cor	*kår*	Herz
il schanugl (Koll **schanuglia**)	*~~sch~~anulj (~~sch~~anulja)*	Knie
igl ies (Pl **oss**, Koll **ossa**)	*ieß (åß, åßa)*	Knochen
il tgau	*tjau*	Kopf
il dir	*dir*	Leber
il magun	*magun*	Magen
la bucca	*bùka*	Mund
la muscla	*muschkla*	Muskel
il nas	*naß*	Nase
il narunchel	*narùngkël*	Niere
l'ureglia	*urelja*	Ohr
il schuletg	*schulätj*	Penis
il dies	*dieß*	Rücken
il schui (Pl **schuials**, Koll **schuiala**)	*~~sch~~u-i (~~sch~~u-ialß, ~~sch~~u-iala)*	Schulter
la vagina	*wadjina*	Vagina
la spina dorsala	*schpina dårßala*	Wirbelsäule

il dent	*dän*	Zahn
il det-pei (Koll **detta-pei**)	*dät-pei (däta-pei)*	Zehe
la lieunga	*liäungga*	Zunge

In der Apotheke

Jeu drovel zatgei encunter ...
jäu dråwël zitjei ëngkùntër ...
ich brauche etwas gegen ...
Ich brauche etwas gegen ...

l'apoteca	*apotäka*	Apotheke
il recept	*rezäpt*	Rezept
la tabletta	*tabläta*	Tablette
la pérla / pella	*perla / pela*	die Pille
igl etg	*ätj*	Salbe
la crema	*kräma*	Creme
il daguot	*daguot*	Tropfen

Und zum Abschied werden Sie hoffentlich sagen können:

Jeu sun puspei sauns!
jäu ßun puschpei ßäunß
ich bin wieder gesund(m)
Ich bin wieder gesund! *(sagt Mann)*

Jeu sun puspei sauna!
jäu ßun puschpei ßäuna
ich bin wieder gesund(w)
Ich bin wieder gesund! *(sagt Frau)*

Schimpfen und Fluchen

Sobald Sie mehr als nur einen oberflächlichen Einblick ins Bündner Leben bekommen, werden Sie auch mal das eine oder andere Schimpfwort hören. Das wahrscheinlich häufigste ist **tgagia** *tjadja* „Scheiße“. Damit lässt sich für fast alles Dampf ablassen: Wer sich über eine Kuh ärgert, nennt sie **vacca dalla tgagia** *waka dala tjadja* „Scheißkuh“. Auch **miarda** *miarda* „Dreck“ kommt häufiger vor. Wie im Bündnerdeutschen wird auch im Rätoromanischen das Wort **huora** („Hure”) vor Wörter für Dinge gesetzt, über die man sich ärgert: **huora maschina** *huora maschina* „blöde Maschine“. Ich empfehle das nicht zur Nachahmung.

Wenn man sich über jemanden ärgert, fragt man recht harmlos „Geht's?“ – vergleichbar der schweizerdeutschen Wendung „Gaat's noch?“, etwa zu verstehen als: „Sag mal, ist mit dir (ihr, ihm, Ihnen) noch alles in Ordnung?“

Vai?
wai
geht's
Geht's noch?

Lai mei cumbien!
lai mei kumbien
lass mich in-Ruhe
Lass mich in Ruhe!

Schei mei cumbien!
schei mei kumbien
lasst mich in-Ruhe
Lassen Sie mich in Ruhe!
(wenn man sich belästigt fühlt)

El / Ella ei a mi antipatics / antipatica.
äl / äla ei a mi antipatix / antipatika
er/sie ist zu mir unsympathisch(m/w)
Er / Sie ist mir unsympathisch.

Alpensteinbock (Capra ibex)

AZ

Wörterbuch

Wörterbuch

Die Wörterlisten enthalten jeweils einen **Grundwortschatz** von ca. 1300 Wörtern. Nicht aufgenommen ist das Vokabular, das man in den Konversationskapiteln themensortiert nachschlagen kann.

Die **Betonung** ist hier durch Unterstreichung gekennzeichnet. Ausgenommen sind diejenigen Wörter, bei denen sie offensichtlich ist: bei den Infinitiven auf **-ar** und **-ir**, die immer endungsbetont sind, bei den Wörtern auf **-a**, die auf der vorletzten Silbe betont werden, bei den Wörtern auf die immer betonte Endung **-iun** und natürlich bei Wörtern mit Akzent. **Das stimmhafte sch** ist durch Kursivschrift gekennzeichnet.

Das grammatische Geschlecht der Nomen ist am Artikel zu erkennen. Unregelmäßige Pluralformen stehen mit dem Vermerk „Pl" in Klammern. Bei Adjektiven stehen unregelmäßige weibliche Formen (seltener auch die unregelmäßige Pluralform) hinter Schrägstrich bzw. die Endung in Klammern.

Unveränderliche Nomen und Adjektive sind mit „unv." gekennzeichnet.

Bei unregelmäßigen Verben stehen abweichende Formen in Klammern, das Partizip Perfekt ist hierbei durch „PP" gekennzeichnet.

Deutsch – Rätoromanisch

A

ab (Ort) giu
abbiegen semenar
Abend la sera
Abendessen la tscheina
abends la sera
aber mo, aber
abreisen partir
abschleppen menar naven
Abschleppseil il sughet da bardigliar
Achtung igl adatg
Adresse l'adressa
Alkohol igl alcohol
alle tuts
allein persul
alles tut
allgemein general
als (Vergleich) che;
als (zeitl.) cu, cura
also pia, also
alt vegl
Alter (Lebens-) la vegliadetgna
Ampel l'ampla

an a
anbieten porscher (purschein)
Andenken la regurdientscha
andere auter / autra
anders autramein
Angebot la purschida
Angel igl aunz
angenehm cumadeivel / -deivla
Angestellte(r) emploiau / -ploiada
Angst la tema
anhalten sefermar
Anhalter: per A. fahren
far autostop
Anhänger (Wagen) il carr davos
ankommen arrivar
Ankunft l'arrivada
Anlasser igl aviader
anrufen, jmd. telefonar a zatgi
anschauen mirar
anstatt enstagl
anstecken infectar (-escha)
antik antic
Antiquität l'antiquitad
Antrag la proposta
Antwort la risposta
antworten rispunder
anzeigen, jmd. tgisar
anziehen trer en
(trai, targein, PP tratg)
Apfel il meil
Apotheke l'apoteca
Arbeit la lavur
arbeiten luvrar (lavura)
Arbeitgeber il patrun
arbeitslos disoccupau / -pada
Architekt igl architect
Arm il bratsch
arm pauper / -pra
Ärmel la mongia
Art la sort
Arzt il miedi
Aschenbecher il tschendrer
Atem il flad
atmen trer flad
(trai, targein, PP tratg)
auch era
auf sin
Aufführung la representaziun
aufhören calar
Aufmerksamkeit l'attenziun
aufstehen levar
aufwachen sedestadar
(sededesta)
Auge igl egl
aus ord
Ausbildung la scolaziun
Ausfahrt / -gang la sortida
ausgeben (Geld) spender
ausgehen ir o(ra)
ausgenommen dano
ausgezeichnet stupent
Auskunft il sclariment
Ausland igl jester
Ausländer(in); ausländisch
jester / jastra
ausmachen (Licht) sclauder
(scludein)
Auspuff il sbuf
ausrutschen selischnar
(seleischna)
Ausschlag il rugn
aussehen veser o(ra)
außen dado
außerdem plinavon
außerhalb ordado(ra)
Aussicht la vesta
Aussprache la pronunziaziun
aussprechen pronunziar
aussteigen descender
Ausstellung l'exposiziun

Ausweis la legitimaziun
ausziehen trer o(ra) (trai, targein, PP tratg)
Auto igl auto
Autobahn l'autostrada

B

Bach igl ual
backen cuer (coi, PP cotg)
Bäcker il pasterner
baden far bogn
Badewanne la bognera
Bahnhof la staziun
Bahnsteig il perrun
bald prest
Bank (Geld) la banca;
Bank (Sitz-) il baun
Bargeld il daner blut
Bart la barba
Batterie la battaria
Bauch il venter
bauen baghegiar
Bauer il pur
Bauernhof il bein puril
Baum la plonta
Baumwolle la mangola
Beamte(r) igl ufficial
Becher il buccal
bedeckt (Wetter) surtratg
bedeuten significar (-chescha)
beenden finir (-escha)
beginnen entscheiver (entschevein, PP entschiet / entschatta)
behalten salvar
behandeln (Wunde) tractar
behindert impediu / -dida
Behörde igl uffeci
bei tier
Bein la comba
Beispiel: zum B. per exempel
beißen morder (murdein)
Bekannte(r) igl enconuschent
bekommen survegnir (survegn)
belästigen mulestar
benachrichtigen avisar (-escha)
benutzen duvrar (drova)
Berg il péz
Beruf la professiun
beschädigen lavagar
beschreiben descriver
besetzt occupau / -pada
Besitzer il possessur
Besteck la pusada
bestellen empustar (emposta)
Besuch la viseta
besuchen visitar (viseta)
Bett il letg
Bettwäsche il resti da letg
Beule la botta
bevor avon che
bevorzugen preferir (-escha)
bezahlen pagar
biegen storscher (sturschein)
bieten offerir (-escha)
Bild il maletg
billig bienmarcau (unv.)
Binde (Frau) la penda
binden ligiar
Birne il pér
bis tochen
bisschen empau
bitten rugar (roga)
Blase (Wunde) la vischigia
Blasebalg il fol
blasen suflar
Blatt il fegl
bleiben star (jeu stun, stat)

Bleistift il rispli (Mz rispials)
Blitz il cametg
blond blond
Blume la flur
Blut il saung
Blutdruck la pressiun dil saung
bluten sanganar (-escha)
Boden il plantschiu
braten barsar (brassa)
brauchen duvrar (drova)
brechen rumper (PP rut / rutta)
breit lad
Bremse il frein
bremsen frenar (freina)
brennen arder (PP ars), barschar (brischa)
Brief la brev
Briefkasten la scafetta da brevs
Briefmarke la marca postala
Brille il spieghel, ils egliers (Mz)
bringen rabitschar (rabetscha)
Brot il paun
Brücke la punt
Brunnen la fontauna
Buch il cudisch
bunt gagl /-ia
Burg il casti (Mz castials)
Bürgersteig il passapei (unv.)
Büro il biro
Bürste il barschun
Bus (Postauto) igl auto da posta
Büstenhalter il portasein (unv.)

C

Café il caffè
campen campar

D

da leu
Dach il tetg
damals da gliez temps
Dampf la vapur
danke engraziel
dann lura, epi
Darm il begl
darum perquei
dass che
dasselbe il medem
dauern cuzzar (cuoza)
Daumen il polisch
Decke (Bett-) la cozza; **(Zimmer-)** il plantschiu sura
denken patertgar (patratga)
Denkmal il monument
Deutsch il tudestg
Deutsch(e/er) tudestg(a)
Deutschland Tiaratudestga
Dialekt il dialect
Diät la dieta
dick gries / grossa
dies quest
Ding la caussa
doch mobein
Donner il tun
doppelt dubel / -bla
Doppelzimmer la combra dubla
Dorf il vitg
dort(hin) leu
Dose la scatla
drehen girar
dringend urgent
Droge la droga
drucken stampar
drücken struclar (strocla)
dumm tup / tuppa

dunkel stgir
dünn satel / satella
durch atras
Durchfall la burga
dürfen astgar
Durst la seit
Dusche la duscha

E

Ecke il cantun
Ei igl iev (Mz ovs)
eigen agen / atgna
Eigentum la proprietad
einfach sempel / -pla
Eingang l'entrada
einige entgin(a)s
einladen envidar
Einladung l'invitaziun
einmal inaga
einsteigen ir en
Eintritt l'entrada
Eintrittskarte il bigliet
einverstanden d'accord
Einwohner il habitont
Einzelzimmer la combra sempla
einzige(r/s) sulet / suletta
Eisen il fier
Eiter la matergia
Empfänger il retschevider
empfehlen recumandar (recamonda)
Ende la fin
eng stretg
Englisch igl engles
Entfernung la distanza
entscheiden decider
entschuldigen, sich s'exculpar
Entschuldigung la perstgisa
Entzündung l'inflammaziun
Erde la tiara
Erfolg il success
erhalten retscheiver (retschevin)
erinnern, sich seregurdar (-gorda)
erkälten, sich pigliar cunauras (peglia)
erklären explicar (-chescha)
erlauben lubir (-escha)
Erlaubnis la lubientscha
erreichen contonscher
erst pér
Erste Hilfe emprem agid
erwachsen carschiu / -ida
erzählen raquintar (raquenta)
essen magliar
Esszimmer la stanza da magliar
etwas (en)zatgei
Europa Europa
europäisch europè / -pea

F

Faden il fil
fähig habel / -bla
Fahne la bandiera
fahren ir
Fahrer igl automobilist
Fahrkarte il bigliet
Fahrplan igl urari
Fahrrad il velo
Fahrzeug il vehichel
Fall: auf jeden F. en mintga cass
fallen curdar (croda)
falls sche
falsch fauls
falten faldar (-escha)

Familie la famiglia
fangen pigliar (peglia)
Farbe la colur
Fass la buot
fast bunamein
faul (Obst) marsch
fehlen muncar (maunca)
Fehler il sbagl
feiern festivar (-escha)
Feiertag il firau
Feld (Acker) igl èr (Mz ers)
Fenster la finiastra
Ferien las vacanzas
fern lontan
Fernglas il spieghel (Mz spiaghels)
Fernsehen la televisiun
Ferse il calcogn
Fest la fiasta
fett grass
Fett il grass
Feuer il fiug
Feuerwehr ils pumpiers (Mz)
Feuerzeug il zünder, igl envidader
Fieber la febra
Film il film
finden anflar
Finger il det
Fisch il pèsch
Flamme la flomma
Flasche la butteglia
Fleck il tac
Fleisch la carn
fließen cular
Fluss il flum
Flüssigkeit il liquid
Folge la consequenza
folgen suandar (suonda)
Formular il formular
fortsetzen continuar (-escha)
Foto la foto
Fotoapparat igl apparat da fotografar
Fotograf il fotograf
fotografieren fotografar
Frage la damonda
fragen dumandar (damonda)
frei liber / libra
fremd jester / jastra
freuen, sich selegrar
freundlich curteseivel / -vla
Freundschaft l'amicezia
Frieden la pasch
Friedhof il santieri
frieren (es) schelar;
frieren (körperlich) haver freid
frisch (Obst) frestg
Frisör il coiffeur
fröhlich legher / legra
Frucht il fretg
früh marvegl
Frühling la primavera
Frühstück il solver
frühstücken solver (sulvein)
fühlen sentir
führen menar (meina)
Führer il guid
Führerschein la carta da manischunz
füllen emplenir (-escha)
Fundbüro il biro d'anflada
für per
fürchten temer
Fuß il pei;
zu Fuß a pei
Fußball il ballapei
Fußgänger il pedunz
füttern perveser

G

Gabel la savetscha
Galerie la gallaria
Gang (Auto) il gir
ganz tut
Garage la garascha
Gardine la curtgina
Garten igl iert (Mz orts)
Gas il gas
Gast il hosp
Gastgeber / -in igl / la envidader / -dra
Gaststätte l'ustria
Gebäck la patissaria
Gebäude il baghetg
geben dar
Gebirge la muntogna
Geburtstag il di da naschientscha, il natalezi
Gefahr il prighel
gefährlich prigulus
gefallen plascher (plai)
Gefäß il vischi (Mz vischals)
gegen encunter
gehen ir
Gehirn il tschurvi (Mz tschurvials)
gelb mellen / melna
Geld ils daners
gelten valer
Gemüse la verdura
genau exact
Genehmigung l'approbaziun
genießen guder (gauda)
genug avunda
genügen bastar
Gepäck la bagascha
geradeaus agradora
Gericht (Essen) la tratga
gern bugen;
gern haben haver bugen
Geruch l'odur
Geschäft (Laden) la stizun, il negozi;
Geschäft (Tätigkeit) la fatschenta
Geschenk il schenghetg
Geschichte la historia
geschieden spartgiu / -tgida
geschlossen serrau / serrada
Geschmack il gust
Geschwindigkeit la spertadad
geschwollen unflau / unflada
Gesellschaft la societad
Gesicht la fatscha
Gespräch il discuors
gestern ier
gesund saun
Gesundheit la sanadad
Getränk la bubronda
Gewicht la peisa
Gewitter igl urezi
gewöhnlich normal(mein)
Gewürz il cungiment
gießen bugnar (bogna)
Gift il tissi
giftig tussegau / -gada
Gipfel il péz
Glas (Material) il veider;
Glas (Trink-) il migiel (Mz migeuls), il glas
glauben crer (crei, cartein, PP cartiu)
gleich medem
Glück il cletg
glücklich ventireivel / -vla
Glühbirne il pér electric
Gott Dieus
Gras la jarva

gratulieren gratular (-escha)
Grenze il cunfin
Griff la manetscha
groß grond
großartig magnific
Größe la grondezia
Gruß il salid
grüßen salidar
gültig valeivel / -vla
Gummi la gumma
Gurt; Gürtel la tschenta
gut bien / buna

H

Haar il cavegl (Mz cavels)
haben haver
hageln tempestar (tempiasta)
halb miez / mezs / mesa
Hälfte la mesadad
Hals il culiez
halten tener (tegn, tenin)
Haltestelle la fermada
Hammer il marti (Mz martials)
Hand il maun
Handel il commerci
Handtuch il schigentamauns (unv.)
Handwerk il mistregn
hängen pender
hart dir
hässlich mitgiert / macorta
Hauptstadt la capitala
Haus la casa;
zu Hause a casa
Hausfrau la massera
Haut la pial
Hebamme la spindrera
heben alzar (aulza)
heilen medegar (-ghescha)
heilig sogn / sontga
Heirat la maridaglia
heiraten maridar
heiß cauld
heißen haver num
Heizung il scaldament
helfen, jem. gidar zatgi
hell clar
Hemd la camischa
Herbst igl atun
Herd la platta da fiug
Herz il cor
herzlich cordial
heute oz
hier cheu
Hilfe igl agid
Himmel il tschiel
hinten davos
hinter davos
Hintern il tgil
Hitze la calira
hoch ault
Hochzeit las nozzas (Mz)
hoffen sperar
Höhe l'altezia
Höhle la tauna
holen ir per
Holz la lenna
homosexuell homosexual
hören udir (auda), tedlar (teidla)
Hotel il hotel
Hüfte il calun
Hügel il biet (Mz bots)
Hunger il fom
Husten la tuos

I

immer adina
impfen virolar (-escha)
in en
innen dadens
Insekt igl insect
interessieren für, sich s'interessar per
international internaziunal
irgendein (irgend)entgin

J

ja gie
Jacke la giacca
jagen catschar
Jahr igl onn
Jahreszeit la stagiun
Jahrhundert il tschentaner
jede(r, -s) mintga (unv.);
jedes Mal mintga ga
jemand (en)zatgi
jene quel(la)
jetzt uss
Journalist il schurnalist
Jugendherberge igl albiert per la giuventetgna
jung giuven / -vna

K

Kabel il cabel
kalt freid
Kanne la honta
kaputt rut(ta)
Karte la carta
Kartoffel il truffel
Käse il caschiel
Kasse la cassa
kaufen cumprar
kaum strusch
Kehle la gula
kein negin
Keller il tschaler
Kellner(in) camerier(a)
kennen enconuscher
Keramik la cheramica
Kette la cadeina
Kiefer (der) la missiala
Kind igl affon
Kindergarten la scoletta
Kino il kino
Kiosk il kiosc
Kirche la baselgia
Kirsche la tscherescha
Kissen il plumatsch
Kiste la chista
klar serein
Kleid il vestgiu
kleiden vestgir (-escha)
Kleidung la vestgadira
klein pign / pintga
klettern reiver (revein)
Klingel il scalin
klopfen pitgar (petga)
klug perdert
Knie il schanugl
Knochen igl ies (Mz oss)
Knopf il nuv
Koch il cuschinier
kochen cuer (coi, PP cotg)
Koffer la valischa
kommen vegnir
Kondom il preservativ
können saver
Kontaktlinse la lenta da contact

Konto il conto
Kontrolleur il controllader
Konzert il concert
Kopf il tgau
Korb il canaster
Korkenzieher il tilastappuns (unv.)
Körper il tgierp (Mz corps)
kosten (Preis) custar (cuosta)
Kotflügel la paralozza
krank malsaun
Krankenhaus il spital
Krankenpfleger(in) tgirunz(a)
Krankenwagen il carr da malsauns
Krankheit la malsogna
Kräuter las jarvas
Krebs (Krankheit) il cancer
Kreuz la crusch
Kreuzung la cruschada
Krieg l'uiara
Küche la cuschina
Kugelschreiber il kuli
kühl frestg
Kühlschrank la frestgera
Kultur la cultura
Kunst igl art
Künstler(in) artist(a)
Kupfer igl irom
Kupplung igl accuplament
Kurs il cuors
Kurve il caraun
kurz cuort
Kuss il betsch
küssen bitschar (betscha)
Kutsche la carrotscha

L

lächeln surrir (surri, surriein, PP surris)
lachen rir (ri, riein, PP ris)
laden cargar
Laden la stizun
Lähmung la schirentada
Lampe la cazzola
Land la tiara
Landschaft la cuntrada
Landwirtschaft l'agricultura
lang liung
lange (Zeit) ditg
langsam plaunsiu (unv.)
Lappen il piez (Mz piazs)
lassen laschar
Laterne la latiarna
Leben la veta
leben viver
Lebensmittel la vivonda
Leber il dir
lecker gustus
Leder il curom
ledig ledi
leer vit
legen metter (PP mess)
Lehrer(in) scolast(a)
leicht (Gewicht) lev
leihen empristar (empresta)
Lenkrad il guvernagl
lernen emprender (PP empriu)
lesbisch lesbica
lesen leger (legia)
letzte davos
Leute la glieud (Ez)
Licht la glisch
Liebe l'amur
lieben carezar
Lied la canzun
links seniester / seniastra
Lippe la levza
LKW il camiun
Loch la ruosna

Löffel il tschadun
Luft l'aria
lustig legher / legra

M

machen far
Macht la possa
Mädchen la buoba, la matta
Magen il magun
mahlen moler (mulein, PP miult)
Mahlzeit la tschavera
malen malegiar
Maler il pictur
man ins
manchmal mintgaton
Mann igl um (Mz umens)
Mantel il mantel
Markt il marcau, la fiera
Maschine la maschina
Massage il massadi
Matratze la madrazza
Mauer il mir
Maus la miur
Medikament il medicament
mehr pli
mehrere plirs
meinen manegiar
Meinung il meini
Mensch il carstgaun
Messer il cunti (Mz cuntials)
Metzger il mazler
mieten prender per tscheins
Minute la minuta
mischen mischedar (mischeida)
Mist la grascha
mit cun
Mitglied il commember
Mittag il miezdi
Mittagessen il gentar
Mitte il miez
Möbel la mobilia
Mode la moda
modern modern
mögen haver bugen, puder
möglich pusseivel / -vla
Monat il meins
Mond la glina
morgen damaun
Morgen la damaun
morgens la damaun
Motor il motor
Motorhaube il capetsch dil motor
Motorrad il velo a motor
müde staunchel / -cla
Müll il rumien (Mz rumians)
Mülleimer la sadiala da rumien
Mund la bucca
Münze il daner
Musik la musica
Musiker il musicist
müssen stuer
Muster il muster
Mutter (a. Schrauben-) la mumma
Mütze la capetscha

N

nach (Richtung) a;
nach (Zeit) suenter
Nachbar il vischin
nachdem suenter che
Nachmittag il suentermiezdi
nächster proxim
Nacht la notg
Nacken la totona
nackt blut(ta)
Nadel la guila

Nagel (Finger-) l'ungla;
Nagel (Werkzeug) la guota
nah datier
Name il num
Nase il nas
nass bletsch
Natur la natira
natürlich (gewiss) naturalmein;
natürlich (n. künstlich) natural
Nebel la nebla
neben sper
nehmen prender (pren, PP priu)
nein na
nennen numnar
neu niev / nova
neugierig marviglius
nicht buc(a)
nichts nuot
nie mai
niedrig bass
niemand negin
Niere il narunchel
nirgendwo(hin) negliu
noch aunc;
noch einmal aunc inaga
Norden il nord
nötig necessari
Notwendigkeit la necessitad
Null la nulla
Nummer la numera
nur mo
nützlich nizeivel / -vla

O

ob sche
oben sisu
obwohl schebein che
oder ni, u
Ofen il fuorn
offen aviert / aviarta
öffentlich public
öffnen arver (PP aviert / aviarta)
oft savens
ohne senza
Ohr l'ureglia
Öl igl ieli
Opfer l'unfrenda
Orange l'oranscha
Orchester igl orchester
ordentlich pulit
Ort il liug (Mz loghens)
Osten igl ost
Ostern las Pastgas (Mz)
Österreich Austria
Österreicher(in) Austriac

P

Paar il pèr
Paket il pachet
Panne la panna
Papier il pupi (Mz pupials)
Parfüm il parfum
parken parcar (parchescha)
Parkplatz il parcadi
Pass il pass
Patient il pazient
Person la persuna
Personalausweis la carta d'identitad
Pfad il trutg
Pfanne (Brat-) la cazzetta da barsar
Pfeife la pipa
Pferd il cavagl (Mz cavals)
Pfirsich il persic
Pflaster (Wunde) il plaster

Pfund la lievra
Plastik la plastica
Platz il plaz
plötzlich tuttenina
Politik la politica
Polizei la polizia
Polizeistation il post da polizia
Polizist il polizist
Portion la purziun
Portmonee la buorsa
Porto il porto
Porzellan la porcellana
Post la posta
Postkarte la carta postala
Preis il prezi
Prellung la contusiun
Priester il sacerdot
privat privat
pro per
probieren schigiar (schagia)
Prospekt il prospect
Pullover il pullover
Pulver la puorla
Pumpe la pumpa
pünktlich ad uras

Q

Qualität la qualitad
Quittung la quittanza

R

Rad la roda
Radiergummi la gumma
Radio il radio
Rand igl ur
Rasierapparat il rasuir electric
rasieren far la barba
Rasierklinge il rasuir
Rat il cussegl
Rathaus la casa communala
Rauch il fem
rauchen fimar (fema)
Raucher il fimader
rechnen quintar (quenta)
Rechnung il quen
Recht il dretg
rechts dretg
Rechtsanwalt igl advocat
regelmäßig regular
Regen la plievgia
Regenbogen igl artg sogn Martin
Regenschirm il parisol
Region la regiun
regnen plover (PP pluiu)
reich reh
Reifen il pneu
Reise il viadi
Reisebüro il biro da viadis
reisen viagiar (viagescha)
Reisepass il passaport
Reisescheck il schec da viadi
reiten cavalcar (-chescha)
Religion la religiun
rennen cuorer (currin)
Rezeption la recepziun
richtig correct
Richtung la direcziun
Rind igl armal (Mz armauls)
Ring il rudi (Mz rudials)
Rippe la costa
roh criu
Rohr il bischel
röntgen radiografar
Röntgenaufnahme il radiogram
Rose la rosa
rot tgietschen / cotschna

Rotes Kreuz la Crusch Cotschna
Rücken il dies
Rückfahrt il retuorn
Rucksack il sacados
rufen clamar (cloma)
rund rodund

S

Saft il suc
sagen dir
Salbe igl etg
Salz il sal
sammeln collectar (-escha)
Sand il sablun
Sandalen las sandalas (Mz)
Sänger(in) cantadur(a)
Sattel la siala
Satz la construcziun
sauber schuber / -bra
säubern schubergiar (schubregia)
sauer asch
schade donn
Schaffner il conductor
Schal il schal
Schalter (elektr.) igl interruptur;
Schalter (Fahrkarten-) il spurtegl
Schatten l'umbriva
schauen mirar
Schaufel la pala
Scheck il schec
Scheibe la talgia
Schere il forsch
Scherz il spass
schicken spedir (-escha)
schießen sittar (setta)
Schild la tabla
Schimmel la meffa
Schlaf la sien
schlafen durmir (dierma)
Schlafsack il sac da durmir
Schlafzimmer la stanza da durmir
schlagen batter
Schlange stehen star cua
Schlange la siarp
schlecht schliet / schliata
schließen serrar (siara)
schlimm nausch
Schloss (Gebäude) il casti (Mz castials);
Schloss (Tür-) la siara
Schlucht la cavorgia
schlucken laguoter (laguttin)
Schlüssel la clav
schmal stretg
schmecken gustar
Schmerz la dolur, il mal
schmerzen far mal
Schmied il fravi
schmutzig tschuf(fa)
Schnecke la glimaia
Schnee la neiv
schneiden tagliar
Schneider il cusunz
schneien neiver (PP neviu)
schnell spert
Schnur la corda
Schnürsenkel la curegia
Schokolade la tschugalata
schon gia, schon
schön bi / biala
Schönheit la bellezia
Schrank la scaffa
Schraube la struba
Schraubenschlüssel la clav da strubas
Schraubenzieher il tilastrubas (unv.)
schrecklich sgarscheivel / -vla

schreiben scriver (PP scret / scretta)
Schreibwarenladen la papetaria
schreien grir (grescha)
Schublade il truchet
Schuh il calzer
Schuld la cuolpa
Schule la scola
Schüler(in) scolar(a)
Schüssel la scadiala
schützen schurmegiar
schwach fleivel / -vla
schwanger purtonta, en speronza
Schwangerschaft la purtonza
schwarz ner
Schwein il piertg (Mz pors)
Schweiz Svizra
Schweizer(in) Svizzer / Svizra
schwer (Gewicht) grev
Schwester la sora
schwierig difficil
schwimmen senudar (senoda)
schwitzen suar (siua)
See il lag
sehen veser
Sehenswürdigkeit l'attracziun
sehr fetg
seicht bass
Seide la seida
Seife il savun
Seil la suga
sein esser
seit dapi
Seite la vart
Sekretärin la secretaria
Sekunde la secunda
selbst sez / sezza
selten rar
senden spedir (-escha)
servieren survir (-escha)
Serviette la servietta
setzen metter (PP mess)
Sex il sex
sicher segir
Sicherheitsgurt la tschenta da segirezia
Sicherheitsnadel la guva da siara
Sicherung la segirada
singen cantar (conta)
Sitz il sez
sitzen seser
Ski il ski
so aschi
Socken la socca
Sofa il canapè, il sofa
sofort immediat
sogar perfin
Sohn il fegl
solch tal
sollen duer
Sommer la stad
Sonne il sulegl
Sonnenbrand l'arsentada
Sonnenschirm il parisol
sonst schiglioc
Sorge il quitau
Soße la sosa
sparen spargnar
Spaß il spass
spät tard, tardiv
spazieren gehen ir a spass
Spaziergang la spassegiada
Speiche il fis
Speise la tratga
Speisekarte la carta dallas tratgas
Spiegel il spieghel (Mz spiaghels)
Spiel il giug
spielen giugar (gioga)
Spielzeug il termagl

Spieß la lontscha
Sport il sport
Sprache il lungatg, la viarva
sprechen tschintschar (tschontscha), plidar (plaida)
springen siglir (seglia)
Spritze l'injecziun
Staat il stat
Staatsangehörigkeit la naziunalitad
Stadt il marcau
Stand il stan
ständig permanent
stark ferm
stattdessen enstagl
stattfinden haver liug
Staub la puorla
Staubsauger il tschetschapuorla (unv.)
staunen smarvigliar (-veglia)
stechen piztgar (peztga)
Steckdose la bescla da contact
Stecker la spina da contact
Steg il piogn
stehen star (jeu stun, stat)
stehlen engular (engola)
steigen muntar
steil spuretg
Stein il crap
stellen metter (PP mess)
sterben murir (miera, PP miert / morts / morta)
Stern la steila
Steuer (die) la taglia
Stiefel la stivla
Stimme la vusch
Stirn il frunt
Stock il bastun
Stockwerk l'alzada
Stoff il ponn
stören disturbar
Stoßdämpfer il pegliaculp (unv.)
Stoßstange il paraculp (unv.)
Straße la via
streicheln carsinar
Streichholz il zulprin
Strohhut il capi (Mz capials)
Strom la forza electrica
Stück il toc
Student il student
studieren studegiar
Studium il studi
Stufe il scalem
Stuhl la sutga
Stunde l'ura
Sturm il stemprau
suchen encurir (enquera)
Süden il sid
Summe la summa
Sumpf il paliu
Supermarkt il supermarcau
Suppe la suppa
süß dultsch

T

Tabak il tubac
Tablette la tabletta
Tag il di
täglich quotidian
Tal la val
Tankstelle il tancadi
Tanz il sault
tanzen saltar (saulta)
Tapete la tapeta
Tasche la tastga
Taschenlampe la latiarna
Taschentuch il fazalet
Tasse la scadiola

taub suord
tauschen brattar
Taxi il taxi
Tee il te
Teil la part
Telefon il telefon
Telefonhörer il tgiern (Mz corns)
telefonieren telefonar
Teller il taglier (Mz tagliors)
Teppich il teppi
teuer car
Theater il teater
tief profund
Tier il tier, igl animal
Tierarzt il veterinari
Tinte la tenta
Tisch la meisa
Tischdecke la tuaglia
Tochter la feglia
Toilette la tualetta
Toilettenpapier il pupi da tualetta (Mz pupials)
Topf la cazzetta
tot miert / morts / morta
Tourismus il turissem
Tourist il turist
tragen purtar (porta)
traurig trest
treffen, sich s'entupar (s'entaupa)
treiben catschar
Treppe la scala
trinken beiber (buein)
Trinkgeld la bunamana
trocken schetg
trotz malgrad
trotzdem tonaton
tun far
Tunnel il tunnel
Tür igl esch, la porta
Turm la tuor
Tüte il scarnuz

U

übel schliet / schliata
über sur
überall dapertut
überholen (Auto) survargar
übermorgen pusmaun
überqueren cruschar
Überschwemmung l'inundaziun
übersetzen (Sprache) translatar
Überweisung igl assegn
übrig bleiben vanzar (vonza)
Uhr l'ura
um: u. zu per
umdrehen volver (vulvein, PP viult)
Umgebung il contuorn
umsteigen midar tren
Umwelt igl ambient
und e
Unfall igl accident
ungefähr ver
Universität l'universitad
unmöglich nunpusseivel / -vla
unten giudem
unter sut
Unterhemd la camischa suten
Unterhose las caultschas suten (Mz)
Unternehmen l'interpresa
unterschreiben suttascriver (PP -scret / -scretta)
Unterschrift la suttascripziun
Urin il pésch

V

Vater il bab
vegetarisch vegetar
Ventil il ventil
verantwortlich responsabel / -bla
Verband la fascha
verbieten scumandar (scamonda)
vergessen emblidar
verheiratet maridau / -dada
verkaufen vender
Verkäufer(in) vendider / -dra
Verkehr il traffic
Verkehrsschild il signal da traffic
verletzt blessau / -ssada
Verletzung la blessura
verlieben, sich s'inamurar (-escha)
verliebt inamurau / -rada
verlieren piarder (perdein, PP piars)
vermeiden evitar (-escha)
vermieten laschar per tscheins
vernünftig raschuneivel / -vla
verschieden different
verschwinden svanir (-escha)
Versicherung la segirada
verstehen cumprender (PP cumpriu)
versuchen schigiar (schagia)
viel bia
vielleicht forsa
Viertel il quart
Vogel igl utschi (Mz utschals)
Volk il pievel
voll plein
von da
vor avon;
vor allem surtut
vorgestern stiarsas
Vormittag igl avonmiezdi
Vorname il prenum
vorne davon
Vorsicht la precauziun
Vorspeise igl avonpast
vorwärts anavon

W

wachsen crescher (carschin)
Wagenheber il cric
Waggon il vagun
Wahl l'elecziun
wahr ver
während duront
wahrscheinlich probabel / -bla
Währung la valuta
Wald igl uaul
Wand la preit
wandern caminar
Wange la vesta
wann cu, cura
Ware la rauba
warm cauld
warten auf spitgar sin (spetga)
warum pertgei
was tgei
Waschbecken la scadiala de selavar
Wäsche il resti
waschen lavar
Wasser l'aua
Wasserfall la cascada
Wasserhahn la spina
Watte la vatta

tschienotgontanov

Wechselkurs il cuors da scumiada
wechseln (Geld) scumiar
wecken destadar (dedesta)
weg naven
Weg la via
wegen pervia da
weich lom
Weihnachten il Nadal
weil perquei che
weinen bargir (bragia)
weiß alv
weit lunsch
welch qual
Welt il mund
wenig pauc
wenn (als) cura che;
wenn (falls) sche
werden vegnir, daventar;
werden (Zukunft) vegnir a
werfen better (PP bess)
Werkstatt il luvratori
Werktag il luverdi
Werkzeug igl uaffen
Westen il vest
Wetter l'aura
wichtig impurtont
widersprechen cunterdir (-di, -schein, PP -detg)
widerstehen resister
wie (Frage) co;
wie (Vergleich) sco
wieder puspei
wiegen pesar (peisa)
wieso pertgei
wild selvadi
Wind il vent
Windel il piez (Mz piazs)
Windschutzscheibe il paravent
Winter igl unviern (Mz unviarns)
Wirbelsäule la spina dorsala
wissen saver
Wissenschaft la scienzia
Woche la jamna
wohnen habitar (-escha)
Wohnung la habitaziun
Wohnwagen la rulotta
Wohnzimmer la stiva
Wolke il nibel
Wolle la launa
wollen vuler
Wort il plaid
Wörterbuch il vocabulari
Wunde la plaga
Wunsch la voluntad
wünschen giavischar
Wurst la ligiongia

Z

Zahl la numera
zahlen pagar
zählen quintar (quenta)
Zahn il dent
Zahnarzt il dentist
Zahnbürste il barschun da dents
Zahnpasta la pasta da dents
Zange la zaunga
Zaun la seiv
Zehe il det-pei
zeigen mussar (muossa)
Zeit il temps
Zeitung la gasetta
Zelt la tenda
Zeltplatz il campadi
zerbrechen rumper (PP rut / rutta)
Ziege la caura

ziehen trer (trai, targein, PP tratg)
Zigarette la cigaretta
Zimmer la combra
zu (sehr) memia
Zucker il zucher
zufrieden cuntent
Zug il tren
zuhören tedlar (teidla)
Zündkerze la candeila (da motor)
Zunge la lieunga
zurück anavos
zusammen ensemen
Zuschlag il supplement
zustimmen consentir
Zwilling schumellin(a)
zwingen sfurzar (sforza)
zwischen denter

Rätoromanisch – Deutsch

A

a an, nach (Richtung)
aber aber
accident, igl Unfall
accord: d'a. einverstanden
accuplament, igl Kupplung
adatg, igl Achtung
adina immer
adressa, l' Adresse
advocat, igl Rechtsanwalt
affon, igl Kind
agen / atgna eigen
agid, igl Hilfe
agradora geradeaus
agricultura, l' Landwirtschaft
albiert, igl: a. per la giuventetgna Jugendherberge
alcohol, igl Alkohol
also also
altezia, l' Höhe
alv weiß
alzada, l' Stockwerk
alzar (aulza) heben
ambient, igl Umwelt
amicezia, l' Freundschaft
ampla, l' Ampel
amur, l' Liebe
anavon vorwärts
anavos zurück
anflar finden
animal, igl Tier
antic antik
antiquitad, l' Antiquität
apoteca, l' Apotheke
apparat, igl: a. da fotografar Fotoapparat
approbaziun, l' Genehmigung
architect, igl Architekt
arder (PP ars) brennen
aria, l' Luft
armal, igl (Mz armauls) Rind
arrivada, l' Ankunft
arrivar ankommen
arsentada, l' Sonnenbrand
art, igl Kunst
artg, igl: a. sogn Martin Regenbogen
artist(a) Künstler(in)
arver (PP aviert / aviarta) öffnen
asch sauer
aschi so
assegn, igl Überweisung

astgar dürfen
atras durch
attenziun, l' Aufmerksamkeit
attracziun, l' Sehenswürdigkeit
atun, igl Herbst
aua, l' Wasser
ault hoch
aunc noch;
aunc inaga noch einmal
aunz, igl Angel
aura, l' Wetter
Austria Österreich
Austriac, igl Österreicher
auter / autra andere
auto, igl Auto;
auto da posta Bus (Postauto)
automobilist, igl Fahrer
autostrada, l' Autobahn
autramein anders
aviader, igl Anlasser
aviert / aviarta offen
avisar (-escha) benachrichtigen
avon vor;
avon a. che bevor
avonmiezdi, igl Vormittag
avonpast, igl Vorspeise
avunda genug

B

bab, il Vater
bagascha, la Gepäck
baghegiar bauen
baghetg, il Gebäude
ballapei, il Fußball
banca, la Bank (Geld)
bandiera, la Fahne
barba, la Bart
bargir (bragia) weinen
barsar (brassa) braten
barschar (brischa) brennen
barschun, il Bürste;
barschun da dents Zahnbürste
baselgia, la Kirche
bass niedrig, seicht
bastar genügen
bastun, il Stock
battaria, la Batterie
batter schlagen
baun, il (Sitz-)Bank
begl, il Darm
beiber (buein) trinken
bein, il: b. puril Bauernhof
bellezia, la Schönheit
bescla, la: b. da contact Steckdose
betsch, il Kuss
better (PP bess) werfen
bi / biala schön
bia viel
bien / buna gut
bienmarcau (unv.) billig
biet, il (Mz bots) Hügel
bigliet, il Eintrittskarte, Fahrkarte
biro, il Büro;
biro d'anflada Fundbüro;
biro da viadis Reisebüro
bischel, il Rohr
bitschar (betscha) küssen
blessau / -ssada verletzt
blessura, la Verletzung
bletsch nass
blond blond
blut(ta) nackt
bognera, la Badewanne
botta, la Beule
bratsch, il Arm
brattar tauschen

brev, la **Brief**
bubronda, la **Getränk**
buc(a) **nicht**
bucca, la **Mund**
buccal, il **Becher**
bugen **gern**
bugnar (bogna) **gießen**
bunamana, la **Trinkgeld**
bunamein **fast**
buoba, la **Mädchen**
buorsa, la **Portmonee**
buot, la **Fass**
burga, la **Durchfall**
butteglia, la **Flasche**

C

cabel, il **Kabel**
cadeina, la **Kette**
caffè, il **Café**
calar **aufhören**
calcogn, il **Ferse**
calira, la **Hitze**
calun, il **Hüfte**
calzer, il **Schuh**
camerier(a) **Kellner(in)**
cametg, il **Blitz**
caminar **wandern**
camischa, la **Hemd;**
camischa suten **Unterhemd**
camiun, il **LKW**
campadi, il **Zeltplatz**
campar **campen**
canapè, il **Sofa**
canaster, il **Korb**
cancer, il **Krebs (Krankheit)**
candeila, la: c. da motor **Zündkerze**
cantadur(a) **Sänger(in)**
cantar (conta) **singen**
cantun, il **Ecke**
canzun, la **Lied**
capetsch, il: c. dil motor **Motorhaube**
capetscha, la **Mütze**
capi, il (Mz capials) **Strohhut**
capitala, la **Hauptstadt**
car **teuer**
caraun, il **Kurve**
carezar **lieben**
cargar **laden**
carn, la **Fleisch**
carr, il: c. da malsauns **Krankenwagen;**
carr davos **Anhänger (Wagen)**
carrotscha, la **Kutsche**
carschiu / -ida **erwachsen**
carsinar **streicheln**
carstgaun, il **Mensch**
carta, la **Karte;**
carta d'identitad **Personalausweis;**
carta da manischunz **Führerschein;**
carta dallas tratgas **Speisekarte;**
carta postala **Postkarte**
casa, la **Haus;**
casa communala **Rathaus,**
a casa **zu Hause**
cascada, la **Wasserfall**
caschiel, il **Käse**
cass: en mintga c. **auf jeden Fall**
cassa, la **Kasse**
casti, il (Mz castials) **Burg, Schloss**
catschar **jagen, treiben**
cauld **heiß, warm**
caultschas, las (Mz): c. suten **Unterhose**
caura, la **Ziege**

caussa, la Ding
cavagl, il (Mz cavals) Pferd
cavalcar (-chescha) reiten
cavegl, il (Mz cavels) Haar
cavorgia, la Schlucht
cazzetta, la Topf;
cazzetta da barsar Pfanne (Brat-)
cazzola, la Lampe
che als (Vergleich), dass
cheramica, la Keramik
cheu hier
chista, la Kiste
cigara, la Zigarre
cigaretta, la Zigarette
clamar (cloma) rufen
clar hell
clav, la Schlüssel;
clav da strubas Schraubenschlüssel
cletg, il Glück
co wie (Frage)
coiffeur, il Frisör
collectar (-escha) sammeln
colur, la Farbe
comba, la Bein
combra, la Zimmer;
combra dubla Doppelzimmer;
combra sempla Einzelzimmer
commember, il Mitglied
commerci, il Handel
concert, il Konzert
conductor, il Schaffner
consentir zustimmen
consequenza, la Folge
construcziun, la Satz
continuar (-escha) fortsetzen
conto, il Konto
contonscher erreichen
controllader, il Kontrolleur
contuorn, il Umgebung
contusiun, la Prellung
cor, il Herz
corda, la Schnur
cordial herzlich
correct richtig
costa, la Rippe
cozza, la (Bett-)Decke
il crap, il Stein
crer (crei, cartein, PP cartiu) glauben
crescher (carschin) wachsen
cric, il Wagenheber
criu roh
crusch, la Kreuz;
Crusch Cotschna Rotes Kreuz
cruschada, la Kreuzung
cruschar überqueren
cu als (zeitl.), wann
cudisch, il Buch
cuer (coi, PP cotg) kochen, backen
cular fließen
culiez, il Hals
cultura, la Kultur
cumadeivel / -deivla angenehm
cumprar kaufen
cumprender (PP cumpriu) verstehen
cun mit
cunfin, il Grenze
cungiment, il Gewürz
cuntent zufrieden
cunterdir (-di, -schein, PP -detg) widersprechen
cunti, il (Mz cuntials) Messer
cuntrada, la Landschaft
cuolpa, la Schuld
cuorer (currin) rennen
cuors, il Kurs;
cuors da scumiada Wechselkurs
cuort kurz

cura als (zeitl.), wann;
cura che wenn (als)
curdar (croda) fallen
curegia, la Schnürsenkel
curom, il Leder
curteseivel / -vla freundlich
curtgina, la Gardine
cuschina, la Küche
cuschinier, il Koch
cussegl, il Rat
custar (cuosta) kosten (Preis)
cusunz, il Schneider
cuzzar (cuoza) dauern

D

da von
dadens innen
dado außen
damaun morgen
damaun, la Morgen;
la damaun morgens
damonda, la Frage
daner, il Münze;
daners, ils (Mz) Geld;
daner blut Bargeld
dano ausgenommen
dapertut überall
dapi seit
dar geben
datier nah
daventar werden
davon vorne
davos hinten, hinter, letzter
decider entscheiden
dent, il Zahn
denter zwischen
dentist, il Zahnarzt
descender aussteigen
descriver beschreiben
destadar (dedesta) wecken
det, il Finger;
det-pei Zehe
di, il Tag;
di da naschientscha Geburtstag
dialect, il Dialekt
dies, il Rücken
dieta, la Diät
Dieus Gott
different verschieden
difficil schwierig
dir hart; sagen
dir, il Leber
direcziun, la Richtung
discuors, il Gespräch
disoccupau / -pada arbeitslos
distanza, la Entfernung
disturbar stören
ditg lange (Zeit)
dolur, la Schmerz
donn schade
dretg rechts
dretg, il Recht
droga, la Droge
dubel / -bla doppelt
duer sollen
dultsch süß
dumandar (damonda) fragen
durmir (dierma) schlafen
duront während
duscha, la Dusche
duvrar (drova) benutzen, brauchen

E

e und
egl, igl Auge

egliers, ils (Mz) Brille
elecziun, l' Wahl
emblidar vergessen
empau ein bisschen
emplenir (-escha) füllen
emploiau / -ploiada Angestellte(r)
emprem: e. agid Erste Hilfe
emprender (PP empriu) lernen
empristar (empresta) leihen
empustar (emposta) bestellen
en in
enconuschent, igl Bekannte(r)
enconuscher kennen
encunter gegen
encurir (enquera) suchen
engles, igl Englisch
engraziel danke
engular (engola) stehlen
ensemen zusammen
enstagl anstatt, stattdessen
entgin irgendein;
entgin(a)s einige
entrada, l' Eingang, Eintritt
entscheiver (entschevein, PP entschiet / entschatta) beginnen
envidader, igl Feuerzeug; Gastgeber
envidadra, la Gastgeberin
envidar einladen
enzatgei etwas
enzatgi jemand
epi dann
èr, igl (Mz ers) Feld
era auch
esch, igl Tür
esser sein
etg, igl Salbe
Europa Europa
europè / -pea europäisch
evitar (-escha) vermeiden
exact genau
exempel: per e. zum Beispiel
explicar (-chescha) erklären
exposiziun, l' Ausstellung

F

faldar (-escha) falten
falla, la Türklinke
famiglia, la Familie
far machen, tun;
far autostop per Anhalter fahren;
far bogn baden;
far la barba rasieren;
far mal schmerzen
fascha, la Verband
fatscha, la Gesicht
fatschenta, la Geschäft (Tätigkeit)
fauls falsch
fazalet, il Taschentuch
febra, la Fieber
fegl, il Sohn; Blatt
feglia, la Tochter
fem, il Rauch
ferm stark
fermada, la Haltestelle
festivar (-escha) feiern
fetg sehr
fiasta, la Fest
fier, il Eisen
fiera, la Markt
fil, il Faden
film, il Film
fimader, il Raucher
fimar (fema) rauchen
fin, la Ende
finiastra, la Fenster

finir (-escha) beenden
firau, il Feiertag
fis, il Speiche
fiug, il Feuer
flad, il Atem
fleivel / -vla schwach
flomma, la Flamme
flum, il Fluss
flur, la Blume
fol, il Blasebalg
fom, il Hunger
fontauna, la Brunnen
formular, il Formular
forsa vielleicht
forsch, il Schere
forza, la: f. electrica Strom
foto, la Foto
fotograf, il Fotograf
fotografar fotografieren
fravi, il Schmied
freid kalt
frein, il Bremse
frenar (freina) bremsen
frestg kühl, frisch (Obst)
frestgera, la Kühlschrank
fretg, il Frucht
frunt, il Stirn
fuorn, il Ofen

G

gagl /-ia bunt
gallaria, la Galerie
garascha, la Garage
gas, il Gas
gasetta, la Zeitung
general allgemein
gentar, il Mittagessen
gia schon
giacca, la Jacke
giavischar wünschen
gidar zatgi jmd. helfen
gie ja
gir, il Gang (Auto)
girar drehen
giu ab (Ort)
giudem unten
giug, il Spiel
giugar (gioga) spielen
giuven / -vna jung
glas, il (Trink-)Glas
glieud, la (Ez) Leute
glimaia, la Schnecke
glina, la Mond
glisch, la Licht
grascha, la Mist
grass fett
grass, il Fett
gratular (-escha) gratulieren
grev schwer (Gewicht)
gries / grossa dick
grir (grescha) schreien
grond groß
grondezia, la Größe
guder (gauda) genießen
guid, il Führer
guila, la Nadel
gula, la Kehle
gumma, la Gummi, Radiergummi
guota, la Nagel (Stift)
gust, il Geschmack
gustar schmecken
gustus lecker
guva, la: g. da siara Sicherheitsnadel
guvernagl, il Lenkrad

H

habel / -bla fähig
habitar (-escha) wohnen
habitaziun, la Wohnung
habitont, il Einwohner
haver haben;
haver bugen gern haben, mögen
haver freid frieren (körperl.);
haver liug stattfinden;
haver num heißen
historia, la Geschichte
homosexual homosexuell
honta, la Kanne
hosp, il Gast
hotel, il Hotel

I

ieli, igl Öl
ier gestern
iert, igl (Mz orts) Garten
ies, igl (Mz oss) Knochen
iev, igl (Mz ovs) Ei
immediat sofort
impediu / -dida behindert
impurtont wichtig
inaga einmal
inamurau / -rada verliebt
infectar (-escha) anstecken
inflammaziun, l' Entzündung
injecziun, l' Spritze
ins man
insect, igl Insekt
internaziunal international
interpresa, l' Unternehmen
interruptur, igl Schalter (elektr.)
inundaziun, l' Überschwemmung
invitaziun, l' Einladung
ir gehen, fahren;
ir a spass spazieren gehen;
ir en einsteigen;
ir o(ra) ausgehen;
ir per holen
irgend: i. entgin irgendein
irom, igl Kupfer

J / K

jamna, la Woche
jarva, la Gras;
jarvas, las Kräuter
jester, igl Ausland
jester / jastra fremd, ausländisch; Ausländer(in)
kino, il Kino
kiosc, il Kiosk
kuli, il Kugelschreiber

L

lad breit
lag, il See
laguoter (laguttin) schlucken
laschar lassen;
laschar per tscheins vermieten
latiarna, la Laterne, Taschenlampe
launa, la Wolle
lavagar beschädigen
lavar waschen
lavur, la Arbeit
ledi ledig
leger (legia) lesen
legher / legra fröhlich, lustig
legitimaziun, la Ausweis

lenna, la Holz
lenta, la: l. da contact Kontaktlinse
lesbica lesbisch
letg, il Bett
leu da, dort, dorthin
lev leicht (Gewicht)
levar aufstehen
levza, la Lippe
liber / libra frei
lieunga, la Zunge
lievra, la Pfund
ligiar binden
ligiongia, la Wurst
liquid, il Flüssigkeit
liug, il (Mz loghens) Ort
liung lang
lom weich
lontan fern
lontscha, la Spieß
lubientscha, la Erlaubnis
lubir (-escha) erlauben
lungatg, il Sprache
lunsch weit
lura dann
luverdi, il Werktag
luvrar (lavura) arbeiten
luvratori, il Werkstatt

M

madrazza, la Matratze
magliar essen
magnific großartig
magun, il Magen
mai nie
mal, il Schmerz
malegiar malen
maletg, il Bild
malgrad trotz
malsaun krank
malsogna, la Krankheit
manegiar meinen
manetscha, la Griff
mangola, la Baumwolle
mantel, il Mantel
marca, la: m. postala Briefmarke
marcau, il Markt, Stadt
maridaglia, la Heirat
maridar heiraten
maridau / -dada verheiratet
marsch faul (Obst)
marti, il (Mz martials) Hammer
marvegl früh
marviglius neugierig
maschina, la Maschine
massadi, il Massage
massera, la Hausfrau
matergia, la Eiter
matta, la Mädchen
maun, il Hand
mazler, il Metzger
medegar (-ghescha) heilen
medem gleich;
il medem dasselbe
medicament, il Medikament
meffa, la Schimmel
meil, il Apfel
meini, il Meinung
meins, il Monat
meisa, la Tisch
mellen / melna gelb
memia zu (sehr)
menar (meina) führen;
menar naven abschleppen
mesadad, la Hälfte
metter (PP mess) legen, setzen, stellen

midar: m. tren umsteigen
miedi, il Arzt
miert / morts / morta tot
miez, il Mitte
miez / mezs / mesa halb
miezdi, il Mittag
migiel, il (Mz migeuls) (Trink-)Glas
mintga (unv.) jede(r, -s);
mintga ga jedes Mal
mintgaton manchmal
minuta, la Minute
mir, il Mauer
mirar (an)schauen
mischedar (mischeida) mischen
missiala, la Kiefer (der)
mistregn, il Handwerk
mitgiert / macorta hässlich
miur, la Maus
mo aber, nur
mobein doch
mobilia, la Möbel
moda, la Mode
modern modern
moler (mulein, PP miult) mahlen
mongia, la Ärmel
monument, il Denkmal
morder (murdein) beißen
motor, il Motor
mulestar belästigen
mumma, la Mutter (auch Schrauben-)
muncar (maunca) fehlen
mund, il Welt
muntar steigen
muntogna, la Gebirge
murir (miera, PP miert / morts / morta) sterben
musica, la Musik
musicist, il Musiker
mussar (muossa) zeigen
muster, il Muster

N

na nein
Nadal, il Weihnachten
narunchel, il Niere
nas, il Nase
natalezi, il Geburtstag
natira, la Natur
natural natürlich (n. künstlich)
naturalmein natürlich (gewiss)
nausch schlimm
naven weg
naziunalitad, la Staatsangehörigkeit
nebla, la Nebel
necessari nötig
necessitad, la Notwendigkeit
negin kein, niemand
negliu nirgendwo(hin)
negozi, il Geschäft, Laden
neiv, la Schnee
neiver (PP neviu) schneien
ner schwarz
ni oder
nibel, il Wolke
niev / nova neu
nizeivel / -vla nützlich
nord, il Norden
normal(mein) gewöhnlich
notg, la Nacht
nozzas, las (Mz) Hochzeit
nulla, la Null
num, il Name
numera, la Zahl, Nummer
numnar nennen
nunpusseivel / -vla unmöglich

nuot nichts
nuv, il Knopf

O

occupau / -pada besetzt
odur, l' Geruch
offerir (-escha) bieten
onn, igl Jahr
oranscha, l' Orange
orchester, igl Orchester
ord aus
ordado(ra) außerhalb
ost, igl Osten
oz heute

P

pachet, il Paket
pagar (be)zahlen
pala, la Schaufel
paliu, il Sumpf
panna, la Panne
papetaria, la Schreibwarenladen
paraculp, il (unv.) Stoßstange
paralozza, la Kotflügel
paravent, il Windschutzscheibe
parcadi, il Parkplatz
parcar (parchescha) parken
parfum, il Parfüm
parisol, il Regenschirm, Sonnenschirm
part, la Teil
partir abreisen
pasch, la Frieden
pass, il Pass
passapei, il (unv.) Bürgersteig
passaport, il Reisepass
pasta, la: p. da dents Zahnpasta
pasterner, il Bäcker
Pastgas, las (Mz) Ostern
patertgar (patratga) denken
patissaria, la Gebäck
patrun, il Arbeitgeber
pauc wenig
paun, il Brot
pauper / -pra arm
pazient, il Patient
pedunz, il Fußgänger
pegliaculp, il (unv.) Stoßdämpfer
pei, il Fuß;
a pei zu Fuß
peisa, la Gewicht
penda, la Binde (Frau)
pender hängen
per für, pro, um zu
pér erst
pér, il Birne;
pér electric Glühbirne
pèr, il Paar
perdert klug
perfin sogar
permanent ständig
perquei: p. che weil
perrun, il Bahnsteig
persic, il Pfirsich
perstgisa, la Entschuldigung
persul allein
persuna, la Person
pertgei warum, wieso
perveser füttern
pervia: p. da wegen
pesar (peisa) wiegen
pésch, il Urin
pèsch, il Fisch
péz, il Berg, Gipfel
pia also
pial, la Haut

piarder (perdein, PP piars) verlieren
pictur, il Maler
piertg, il (Mz pors) Schwein
pievel, il Volk
piez, il (Mz piazs) Lappen, Windel
pigliar (peglia) fangen;
pigliar cunauras sich erkälten
pign / pintga klein
piogn, il Steg
pipa, la Pfeife
pitgar (petga) klopfen
piztgar (peztga) stechen
plaga, la Wunde
plaid, il Wort
plantschiu, il Boden;
plantschiu sura (Zimmer-)Decke
plascher (plai) gefallen
plaster, il Pflaster (Wunde)
plastica, la Plastik
platta, la: p. da fiug Herd
plaunsiu (unv.) langsam
plaz, il Platz
plein voll
pli mehr
plidar (plaida) sprechen
plievgia, la Regen
plinavon außerdem
plirs mehrere
plonta, la Baum
plover (PP pluiu) regnen
plumatsch, il Kissen
pneu, il Reifen
polisch, il Daumen
politica, la Politik
polizia, la Polizei
polizist, il Polizist
ponn, il Stoff
porscher (purschein) anbieten
porta, la Tür
il portasein (unv.) Büstenhalter
porto, il Porto
possa, la Macht
possessur, il Besitzer
post, il: p. da polizia Polizeistation
posta, la Post
precauziun, la Vorsicht
preferir (-escha) bevorzugen
preit, la Wand
prender (pren, PP priu) nehmen;
prender per tscheins mieten
prenum, il Vorname
preservativ, il Kondom
pressiun, la: p. dil saung Blutdruck
prest bald
prezi, il Preis
prighel, il Gefahr
prigulus gefährlich
primavera, la Frühling
privat privat
probabel / -bla wahrscheinlich
professiun, la Beruf
profund tief
pronunziar aussprechen
pronunziaziun, la Aussprache
proposta, la Antrag
proprietad, la Eigentum
prospect, il Prospekt
proxim nächster
public öffentlich
puder mögen
pulit ordentlich
pullover, il Pullover
pumpa, la Pumpe
pumpiers, ils (Mz) Feuerwehr
punt, la Brücke
puorla, la Pulver, Staub
pupi, il (Mz pupials) Papier;

pupi da tualetta **Toilettenpapier**
pur, il **Bauer**
purschida, la **Angebot**
purtar (porta) **tragen**
purtonta **schwanger**
purtonza, la **Schwangerschaft**
purziun, la **Portion**
pusada, la **Besteck**
pusmaun **übermorgen**
puspei **wieder**
pusseivel / -vla **möglich**

Q

qual **welch**
qualitad, la **Qualität**
quart, il **Viertel**
quel(la) **jene**
quen, il **Rechnung**
quest **dies**
quintar (quenta) **zählen, rechnen**
quitau, il **Sorge**
quittanza, la **Quittung**
quotidian **täglich**

R

rabitschar (rabetscha) **bringen**
radio, il **Radio**
radiografar **röntgen**
radiogram, il **Röntgenaufnahme**
raquintar (raquenta) **erzählen**
rar **selten**
raschuneivel / -vla **vernünftig**
rasuir, il **Rasierklinge;**
rasuir electric **Rasierapparat**
rauba, la **Ware**
recepziun, la **Rezeption**
recumandar (recamonda) **empfehlen**
regiun, la **Region**
regular **regelmäßig**
regurdientscha, la **Andenken**
reh **reich**
reiver (revein) **klettern**
religiun, la **Religion**
representaziun, la **Aufführung**
resister **widerstehen**
responsabel / -bla **verantwortlich**
resti, il **Wäsche;**
resti da letg **Bettwäsche**
retscheiver (retschevin) **erhalten**
retschevider **Empfänger**
retuorn, il **Rückfahrt**
rir (ri, riein, PP ris) **lachen**
rispli, il (Mz rispials) **Bleistift**
risposta, la **Antwort**
rispunder **antworten**
roda, la **Rad**
rodund **rund**
rosa, la **Rose**
rudi, il (Mz rudials) **Ring**
rugar (roga) **bitten**
rugn, il **Ausschlag**
rulotta, la **Wohnwagen**
rumien, il (Mz rumians) **Müll**
rumper (PP rut / rutta) **brechen, zerbrechen**
ruosna, la **Loch**
rut(ta) **kaputt**

S

sablun, il **Sand**
sac, il: s. da durmir **Schlafsack**
sacados, il **Rucksack**
sacerdot, il **Priester**

sadiala, la Eimer;
sadiala da rumien Mülleimer
sal, il Salz
salid, il Gruß
salidar grüßen
saltar (saulta) tanzen
salvar behalten
sanadad, la Gesundheit
sandalas, las (Mz) Sandalen
sanganar (-escha) bluten
santieri, il Friedhof
satel / satella dünn
sault, il Tanz
saun gesund
saung, il Blut
savens oft
saver können, wissen
savetscha, la Gabel
savun, il Seife
sbagl, il Fehler
sbuf, il Auspuff
scadiala, la Schüssel;
scadiala de selavar Waschbecken
scadiola, la Tasse
scafetta, la: s. da brevs Briefkasten
scaffa, la Schrank
scala, la Treppe
scaldament, il Heizung
scalem, il Stufe
scalin, il Klingel
scarnuz, il Tüte
scatla, la Dose
schal, il Schal
schanugl, il Knie
sche falls, ob, wenn (falls)
schebein: s. che obwohl
schec, il Scheck;
schec da viadi Reisescheck
schelar frieren (es friert)
schenghetg, il Geschenk
schetg trocken
schigentamauns, il (unv.) Handtuch
schigiar (schagia) probieren, versuchen
schiglioc sonst
schirentada, la Lähmung
schliet / schliata schlecht, übel
schon schon
schuber / -bra sauber
schubergiar (schubregia) säubern
schumellin(a) Zwilling
schurmegiar schützen
schurnalist, il Journalist
scienzia, la Wissenschaft
sclariment, il Auskunft
sclauder (scludein) ausmachen (Licht)
sco wie (Vergleich)
scola, la Schule
scolar(a) Schüler(in)
scolast(a) Lehrer(in)
scolaziun, la Ausbildung
scoletta, la Kindergarten
scriver (PP scret / scretta) schreiben
scumandar (scamonda) verbieten
scumandau / -dada verboten
scumiar wechseln (Geld)
secretaria, la Sekretärin
secunda, la Sekunde
sedestadar (sededesta) aufwachen
sefermar anhalten
segir sicher
segirada, la Sicherung, Versicherung

seida, la Seide
seit, la Durst
seiv, la Zaun
selegrar sich freuen
selischnar (seleischna) ausrutschen
selvadi wild
semenar abbiegen
sempel / -pla einfach
seniester / seniastra links
sentir fühlen
s'entupar (s'entaupa) sich treffen
senudar (senoda) schwimmen
senza ohne
sera, la Abend;
la sera abends
seregurdar (-gorda) sich erinnern
serein klar
serrar (siara) schließen
serrau / serrada geschlossen
servietta, la Serviette
seser sitzen
sex, il Sex
s'exculpar sich entschuldigen
sez, il Sitz
sez / sezza selbst
sfurzar (sforza) zwingen
sgarscheivel / -vla schrecklich
siala, la Sattel
siara, la (Tür-)Schloss
siarp, la Schlange
sid, il Süden
sien, la Schlaf
siglir (seglia) springen
signal, il: s. da traffic Verkehrsschild
significar (-chescha) bedeuten
sin auf
s'inamurar (-escha) sich verlieben
s'interessar per sich interessieren für
sisu oben
sittar (setta) schießen
ski, il Ski
smarvigliar (-veglia) staunen
socca, la Socken
societad, la Gesellschaft
sofa, il Sofa
sogn / sontga heilig
solver (sulvein) frühstücken
solver, il Frühstück
sora, la Schwester
sort, la Art
sortida, la Ausfahrt, Ausgang
sosa, la Soße
spargnar sparen
spartgiu / -tgida geschieden
spass, il Scherz, Spaß
spassegiada, la Spaziergang
spedir (-escha) schicken, senden
spender ausgeben (Geld)
sper neben
sperar hoffen
speronza: en s. schwanger
spert schnell
spertadad, la Geschwindigkeit
spieghel, il Brille
spina, la Wasserhahn;
spina da contact Stecker
spina dorsala Wirbelsäule
spindrera, la Hebamme
spital, il Krankenhaus
spitgar sin (spetga) warten auf
sport, il Sport
spuretg steil
spurtegl, il Schalter (Fahrkarten-)
stad, la Sommer
stagiun, la Jahreszeit
stampar drucken

stan, il Stand
stanza, la Zimmer;
stanza da durmir Schlafzimmer;
stanza da magliar Esszimmer
star (jeu stun, stat) stehen, bleiben;
star cua Schlange stehen
stat, il Staat
staunchel / -cla müde
staziun, la Bahnhof
steila, la Stern
stemprau, il Sturm
stgir dunkel
stiarsas vorgestern
stiva, la Wohnzimmer
stivla, la Stiefel
stizun, la Geschäft, Laden
storscher (sturschein) biegen
stretg eng, schmal
struba, la Schraube
struclar (strocla) drücken
strusch kaum
studegiar studieren
student, il Student
studi, il Studium
stuer müssen
stupent ausgezeichnet
suandar (suonda) folgen
suar (siua) schwitzen
suc, il Saft
success, il Erfolg
suenter nach (Zeit);
suenter che nachdem
suentermiezdi, il Nachmittag
suflar blasen
suga, la Seil
sughet, il: s. da bardigliar Abschleppseil
sulegl, il Sonne
sulet / suletta einzige(r/s)
summa, la Summe
suord taub
supermarcau, il Supermarkt
suppa, la Suppe
supplement, il Zuschlag
sur über
surrir (surri, surriein, PP surris) lächeln
surtratg bedeckt (Wetter)
surtut vor allem
survargar überholen (Auto)
survegnir (survegn) bekommen
survir (-escha) servieren
sut unter
sutga, la Stuhl
suttascripziun, la Unterschrift
suttascriver (PP -scret / -scretta) unterschreiben
svanir (-escha) verschwinden
Svizra Schweiz
Svizzer / Svizra Schweizer(in)

T

tabla, la Schild
tabletta, la Tablette
tac, il Fleck
tagliar schneiden
taglier, il (Mz tagliors) Teller
tal solch
talgia, la Scheibe; (die) Steuer
tancadi, il Tankstelle
tapeta, la Tapete
tard, tardiv spät
tastga, la Tasche
tauna, la Höhle
taxi, il Taxi
te, il Tee
teater, il Theater

tedlar (teidla) (zu)hören

telefon, il Telefon

telefonar telefonieren

televisiun, la Fernsehen

tema, la Angst

temer etw. fürchten

tempestar (tempiasta) hageln

temps, il Zeit;

da gliez temps damals

tenda, la Zelt

tener (tegn, tenin) halten

tenta, la Tinte

teppi, il Teppich

termagl, il Spielzeug

tetg, il Dach

tgau, il Kopf

tgau tschüss

tgei was

tgiern, il (Mz corns) Horn; Telefonhörer

tgierp, il (Mz corps) Körper

tgietschen / cotschna rot

tgil, il Hintern

tgirunz(a) Krankenpfleger(in)

tgisar jmd. anzeigen

tiara, la Erde, Land

Tiaratudestga Deutschland

tier bei

tier, il Tier

tilastappuns, il (unv.) Korkenzieher

tilastrubas, il (unv.) Schraubenzieher

tissi, il Gift

toc, il Stück

tochen bis

tonaton trotzdem

totona, la Nacken

tractar behandeln (Wunde)

traffic, il Verkehr

translatar übersetzen (Sprache)

tratga, la Gericht (Essen), Speise

tren, il Zug

trer (trai, targein, PP tratg) ziehen;

trer en anziehen;

trer flad atmen;

trer o(ra) ausziehen

trest traurig

truchet, il Schublade

truffel, il Kartoffel

trutg, il Pfad

tschadun, il Löffel

tschaler, il Keller

tschavera, la Mahlzeit

tscheina, la Abendessen

tschendrer, il Aschenbecher

tschenta, la Gürtel;

tschenta da segirezia Sicherheitsgurt

tschentaner, il Jahrhundert

tscherescha, la Kirsche

tschetschapuorla, il (unv.) Staubsauger

tschiel, il Himmel

tschintschar (tschontscha) sprechen

tschuf(fa) schmutzig

tschugalata, la Schokolade

tschurvi, il (Mz tschurvials) Gehirn

tuaglia, la Tischdecke

tualetta, la Toilette

tubac, il Tabak

tudestg(a) Deutsch(e/er)

tudestg, il Deutsch

tun, il Donner

tunnel, il Tunnel

tuor, la Turm

tuos, la Husten

tup / tuppa dumm
turissem, il Tourismus
turist, il Tourist
tussegau / -gada giftig
tut alles, ganz
tuts alle
tuttenina plötzlich

U

u oder
uaffen, igl Werkzeug
ual, igl Bach
uaul, igl Wald
udir (auda) hören
uffeci, igl Behörde
uffical, igl Beamte(r)
uiara, l' Krieg
um, igl (Mz umens) Mann
umbriva, l' Schatten
unflau / unflada geschwollen
unfrenda, l' Opfer
ungla, l' (Finger-)Nagel
Uniun, l': U. europea
Europäische Union
universitad, l' Universität
unviern, igl (Mz unviarns) Winter
ur, igl Rand
ura, l' Stunde, Uhr;
ad uras pünktlich
urari, igl Fahrplan
ureglia, l' Ohr
urezi, igl Gewitter
urgent dringend
uss jetzt
ustria, l' Gaststätte
utschi, igl (Mz utschals) Vogel

V

vacanzas, las (Mz) Ferien
vagun, il Waggon
val, la Tal
valeivel / -vla gültig
valer gelten
valischa, la Koffer
valuta, la Währung
vanzar (vonza) übrig bleiben
vapur, la Dampf
vart, la Seite
vatta, la Watte
vegetar vegetarisch
vegl alt
vegliadetgna, la (Lebens-)Alter
vegnir kommen,
werden (Vollverb);
vegnir a werden (Zukunft)
vehichel, il Fahrzeug
veider, il Glas (Material)
velo, il Fahrrad;
velo a motor Motorrad
vender verkaufen
vendider / -dra Verkäufer(in)
vent, il Wind
venter, il Bauch
ventil, il Ventil
ventireivel / -vla glücklich
ver ungefähr; wahr
verdura, la Gemüse
veser sehen;
veser o(ra) aussehen
vest, il Westen
vesta, la Aussicht; Wange
vestgadira, la Kleidung
vestgir (-escha) kleiden
vestgiu, il Kleid
veta, la Leben

veterinari, il **Tierarzt**
via, la **Straße, Weg**
viadi, il **Reise**
viagiar (viagescha) **reisen**
viarva, la **Sprache**
virolar (-escha) **impfen**
vischi, il (Mz vischals) **Gefäß**
vischigia, la **Blase (Wunde)**
vischin, il **Nachbar**
viseta, la **Besuch**
visitar (viseta) **besuchen**
vit **leer**
vitg, il **Dorf**
viver **leben**
vivonda, la **Lebensmittel**
vocabulari, il **Wörterbuch**
voluntad, la **Wunsch**
volver (vulvein, PP viult) **umdrehen**
vuler **wollen**
vusch, la **Stimme**

Z

zatgei **etwas**
zatgi **jemand**
zaunga, la **Zange**
zucher, il **Zucker**
zulprin, il **Streichholz**
zünder, il **Feuerzeug**

Die rätoromanischen Dialekte

Bisher wurde nur das Surselvische bzw. Sursilvanische behandelt. Nun sollen die anderen Dialekte des Bündnerromanischen im Vergleich zur Sprache kommen. Die beiden anderen rätoromanischen Sprachen, Dolomitenladinisch und Friaulisch, können und sollen in diesem Rahmen jedoch nicht berücksichtigt werden.

Hauptvarianten des Surselvischen

Zunächst ein Vergleich der zwei Hauptvarianten des Surselvischen, wie man es im unteren Valsertal bis nach Ilanz (das obere Valsertal ist deutschsprachig) und in der Cadi (dem Kreis Disentis) spricht.

	Valsertal		Cadi	
drei	**treis**	*traiß*	**treis**	*träiß*
Heu	**fein**	*fain*	**fein**	*fäin / fåin*
mein, Weg	**mia, via**	*mi-a, wi-a*	**mia, via**	*mäi-a / måi-a, wäi-a / wåi-a*
wo, Besen	**nua, scua**	*nu-a, schku-a*	**nua, scua**	*näu-a, schkäu-a*
Bahnhof	**staziun**	*schtaziun*	**staziun**	*schtaziun*

	Valsertal		Cadi	
Tag, Dienstag	**gi, margis**	*dji, mardjiß*	**di, mardis**	*di, mardiß*
sagen, gesagt	**gir, getg**	*dji, djätj*	**dir, detg**	*di, dätj*
lange	**gitg**	*djitj*	**ditg**	*ditj*

	Valsertal		Cadi	
Katze	**gat**	*gat*	**giat**	*djat*
heraus, hinaus	**ora**	*åra*	**o**	*å*
ich schlafe	**jeu diermel**	*jäu diermël*	**jeu dormel**	*jäu dårmël*

Das Wort **caura** „Ziege" können Sie regional als *tjaura* ausgesprochen hören. Die regionale Aussprache von **scala** „Treppe" als *schtjäla* kann manchmal zu Verwirrungen führen, da **stgella** (gleiche Aussprache) „Schelle, Glocke" heißt.

Das Sutselvische (Sutsilvanische)

Das Sutselvische bzw. Sutsilvanische wird im Gebiet des unteren Hinterrheins gesprochen. Es steht dem Surselvischen am nächsten. Zu beachten ist, dass **c** (im Unterschied zu allen anderen Dialekten) immer wie *k* gesprochen wird. So schreibt man **antocen** für „bis" (surselvisch **entochen**), **cilo** für „Kilo" (surselvisch **kilo**) und spricht *antåkën* bzw. *kilo*, man schreibt **ufezi** (surselvisch **uffeci**) für „Amt", damit es die Aussprache *ufezi* wiedergibt.

Ansonsten gibt es regionale Ausspracheunterschiede, die durch die sogenannte „Deckmantelorthographie" verhüllt werden, z. B. spricht man **pàn** „Brot" *pang, paung* oder *pöng.* (Ich verweise auf entsprechende Literatur, eine genaue Betrachtung dieser Einzelwörter würde dieses Kapitel bei weitem sprengen.)

Das Surmeirische (Surmiranische)

Das Surmeirische bzw. Surmiranische wird im Oberhalbstein (Surses) und im Albulatal (Sotses) gesprochen. Die Schriftsprache basiert auf dem Dialekt des Dorfes Stierva. Das Surmeirische wird mit dem Sutselvischen als Mittelbündnerisch zusammengefasst.

Die Verneinung ist traditionell zweiteilig wie im Französischen (Verneinungsklammer, die das Verb umschließt), während weiter westlich heutzutage meist nur noch der zweite Teil, im Engadin nur der erste Teil benutzt wird (vgl. Tabelle weiter unten).

Das Engadinische

Das Engadinische wird im Engadin und im Münstertal gesprochen. Es kennt die Buchstaben **ö** und **ü**, die wie im Deutschen ausgesprochen werden: **gövgia** *djöwdja* „Donnerstag", **glüna** *ljüna* „Mond" (surselvisch **glina**), **gün** *djün* „Juni", **lügl** *lülj* „Juli".

Die Buchstabenverbindung **ch** wird *tj* gesprochen wie das **tg** der anderen Dialekte, **s-ch** entsprechend *schtj:* **s-chela** *schtjela* „Treppe".

Es gibt zwei recht ähnliche Schriftsprachen: Oberengadinisch (Putér) und Unterengadinisch (Vallader). Im Engadinischen bezeichnet man einen Berg oder einen Gipfel als **piz** (surselvisch **péz**). Der bekannte Bergname **Piz Buin** *piz bu-in* heißt wörtlich „Rindergipfel" und wäre auf Surselvisch **Péz Bovin** *pez bowin.* Das Wort **piz** hat sich im Deutschen für Graubündner Bergnamen auch außerhalb des Engadins eingebürgert.

Die Mundart des Münstertals hat auch ihre Eigenheiten, so sagt man z. B. **chausa** *tjaußa* für „Sache" gegenüber sonstigem engadinischem **chosa** *tjoßa* (mit langem *o*, vgl. surselvisch **caussa**).

Früher wurde in Teilen des Prättigaus ein ähnlicher Dialekt wie im Oberengadin gesprochen. Daher können Sie dort noch vereinzelt romanische Hausnamen mit dem Wort **chesa** *tjesa* „Haus" lesen. Heute ist das ganze Prättigau deutschsprachig.

Das Rumantsch Grischun

In den 1980er Jahren gelang es nach mehreren fehlgeschlagenen Versuchen, aus den fünf Dialekten eine Schriftsprache zu bilden, die für offizielle Verlautbarungen benutzt wird. Sie wird nirgends gesprochen. Verwirrend ist zunächst die Buchstabenverbindung **ch,** die vor **a** und **o** wie im Engadinischen als *tj* gesprochen wird, vor **e** und **i** dagegen als *k.* Der männliche Artikel heißt **il,** vor Vokal **l',** mit **da** verbunden zu **dal** (gegenüber surselvisch **dil**).

Es gibt jedoch auch Wörter, die von der Umgangssprache stark abweichen. So heißt das Mobiltelefon in der Umgangssprache (etwa des Surselvischen) **natel** *natäl,* was aber im Rumantsch Grischun durch das eher künstlich wirkende **telefonin** *tälëfonin* ersetzt wurde.

Die Alp als Kulturlandschaft ist von hohem ökologischen Wert

Vergleich der Dialekte anhand von Beispielen

	Surselvisch	Sutselvisch	Surmeirisch
ein, eine	**in, ina** *in, ina*	**egn, egna** *inj, inja*	**egn, egna** *enj, enja*
zwei	**dus, duas** *duß, du-aß*	**dus, duas** *duß, du-aß*	**dus** *duß*
drei	**treis** *treiß*	**tres** *treß*	**treis** *träiß*
vier	**quater** *kuatër*	**quater** *kuatër*	**catter** *katër*
fünf	**tschun** *tschun*	**tschentg** *tschintj*	**tschintg** *tschintj*
sechs	**sis** *ßiß*	**sis** *ßiß*	**seis** *ßeiß*
sieben	**siat** *ßiat*	**seat** *ßeat*	**set** *ßät*
acht	**otg** *åtj*	**otg** *åtj*	**otg** *åtj*
neun	**nov** *nåf*	**nov** *nof*	**nov** *nof*
zehn	**diesch** *diesch*	**diesch** *diesch*	**diesch** *diesch*
Wasser	**aua** *au-a*	**aua** *au-a*	**ava** *awa*
Tasse	**scadiola** *schkadiåla*	**scariola** *schkariåla*	**cuppegn** *kupenj*
das Brot	**il paun** *il päun*	**igl pàn** *ilj pa(u)ng*	**igl pang** *ilj pang*
das Ei	**gl'iev** *lj'ief*	**gl'ov** *lj'of*	**gl'ov** *lj'of*
Haus	**casa** *kasa*	**tgea** *tjea*	**tgesa** *tjesa*
Sache	**caussa** *kaußa*	**tgossa** *tjoßa*	**tgossa** *tjoßa*
Ziege	**caura** *kaura*	**tgora** *tjora*	**tgora** *tjora*
rot	**tgietschen** *tjietschën*	**cotschen** *kåtschën*	**cotschen** *kåtschën*
nicht	**... buc** *... bùk*	**... betg** *... bitj*	**na ... betg** *na ... betj*
ich habe	**jeu hai / vai** *jäu ai / wai*	**jou ve** *jou we*	**ia va** *i-a wa*
du hast	**ti has** *ti aß*	**tei âs** *täi aß*	**te ast** *te aßt*
er hat	**el ha** *äl a*	**el â** *äl a*	**el ò** *äl å*
Rätoromanisch	**romontsch** *romåntsch*	**rumàntsch** *rumantsch / rumauntsch*	**rumantsch** *rumantsch*
Graubünden	**Grischun** *grischun*	**Grischùn** *grischung / grischäung*	**Grischun** *grischung*

Unterengadinisch	Oberengadinisch	Rumantsch Grischun
ün, üna *ün, üna*	**ün, üna** *ün, üna*	**in, ina** *in, ina*
duos *duoß*	**duos** *duoß*	**dus, duas** *duß, du-aß*
trais *traiß*	**trais** *traiß*	**trais** *traiß*
quatter *kuatër*	**quatter** *kuatër*	**quatter** *kuatër*
tschinch *tschintj*	**tschinch** *tschintj*	**tschintg** *tschintj*
ses *ßäß*	**ses** *ßäß*	**sis** *ßiß*
set *ßät*	**set** *ßät*	**set** *ßät*
ot *åt*	**och** *åtj*	**otg** *åtj*
nouv *nåuf*	**nouv** *nåf*	**nov** *nåf*
desch *däsch*	**desch** *däsch*	**diesch** *diesch*
aua *au-a*	**ova** *åwa*	**aua** *au-a*
cuppina *kupina*	**tazza** *taza*	**cuppina** *kupina*
il pan *il pan*	**il paun** *il paun*	**il paun** *il paun*
l'öv *l'öf*	**l'öv** *l'öf*	**l'ov** *l'of*
chasa *tjasa*	**chesa** *tjesa*	**chasa** *tjasa*
chosa *tjoßa*	**chosa** *tjoßa*	**chaussa** *tjaußa*
chavra *tjawra*	**chevra** *tjewra*	**chaura** *tjaura*
cotschen *kåtschën*	**cotschen** *kåtschën*	**cotschen** *kåtschën*
nu ... *nu ...*	**nu ...** *nu ...*	**na ... (betg)** *na ... (bätj)*
eu n'ha *äu na*	**eau d'he** *eau de*	**jau hai** *jau ai*
tü hast *tü aßt*	**tü hest** *tü äßt*	**ti has** *ti aß*
el ha *äl a*	**el ho** *äl å*	**el ha** *äl a*
rumantsch *rumantsch*	**rumauntsch** *rumauntsch*	**rumantsch** *rumantsch*
Grischun *grischun*	**Grischun** *grischum*	**Grischun** *grischun*

Literaturhinweise

Der größte Teil der Literatur zum Bündnerromanischen für Anderssprachige ist in Deutsch geschrieben. Englische und französische Literatur ist in letzter Zeit in geringem Umfang erschienen. Am besten schauen Sie sich vor Ort in den Buchhandlungen um, etwa in Chur, innerhalb der Surselva in Ilanz.

Auf Rätoromanisch spezialisiert ist die kleine, aber feine Buchhandlung „Il Palantin" (Chur, Reichsgasse 10), die aber auch eine Auswahl an Literatur zu anderen romanischen Sprachen hat, von Rumänisch bis Frankoprovenzalisch.

Belletristik

Wenn Sie rätoromanische Bücher lesen wollen, können Sie in den Buchhandlungen von Chur und Ilanz eine große Auswahl finden. Auch eine Reihe Kinderbücher sind auf Rätoromanisch erschienen.

Wörterbücher und Sprachführer

Ramun Vieli und Alexi Decurtins:
Vocabulari romontsch, sursilvan – tudestg,
mit Liste der regelmäßigen Beugung von Verben und Liste der unregelmäßigen Verben.
Lia Rumantscha, Chur. www.grisun.ch

Alexi Decurtins: Niev vocabulari romontsch,
www.vocabularisursilvan.ch

Curo Mani: Pledari sutsilvan,
Wörterbuch Sutselvisch – Deutsch und Deutsch – Sutselvisch, ebenfalls erhältlich bei der Lia Rumantscha, Chur.
www.grisun.ch

Weblinks

liarumantscha.ch
www.surselva-romontscha.ch
romontsch.ch
www.vocabularisursilvan.ch
www.lumnezia.ch/rm/cultura-e-temps-liber/lungatg-romontsch

Gaming auf Bündnerromanisch

Es gibt sogar ein Computerspiel, das komplett in rätoromanischer Sprache vertont ist (mit deutschen Untertiteln) und in der Surselva spielt: „Mundaun". www.mundaungame.com

Mehr von Gereon Janzing

Gereon Janzing:
Naturschutz auf dem Teller
Oekom Verlag ISBN: 978-3-98726-052-0

Ein Kapitel, das das Bündnerromanische im Vergleich zu verwandten Sprachen bis hin zum Friaulischen darstellt, auch deutsche Einflüsse beschreibt und Vorurteile über diese Sprache aus dem Weg räumt, sowie ein Kapitel, das die Alpwirtschaft in einen sozialwissenschaftlichen Zusammenhang stellt, finden Sie in meinem Buch
Kannibalen und Schamanen –
Verbreitete Irrtümer über fremde Völker,
Werner Pieper und The Grüne Kraft, Löhrbach.
ISBN 978-3-922708-59-9

Notizen

Notizen

Der Autor

Gereon Janzing erblickte 1963 in Aachen das Licht der Welt und wuchs im Schwarzwald auf. Er studierte Ethnologie, Geografie und Biologie in Freiburg. Heute ist er freischaffender Lebenskünstler und schreibt, oft zum Zweck der Völkerverständigung. Sein Werk *„Kannibalen und Schamanen – Verbreitete Irrtümer über fremde Völker"* enthält auch ein Kapitel über das Rätoromanische.

Wegen seiner Liebe zu Bergen und Tieren geht er seit 1999 regelmäßig zur Alp, meist in Graubünden. Da ihn die Sprache reizte, der er häufig begegnete, lernte er sie durch Lesen, Zuhören, Sprechen und Briefkontakt. Als Ethnologe erwartet er ohnehin mehr vom Leben, als nur Weltsprachen wie Englisch und Spanisch zu sprechen. Die rätoromanische Sprache ermöglichte ihm einen engeren Zugang zur Bündner Kultur. Wegen seines Interesses an Themen des Kulturkontaktes reizt ihn auch die deutsch durchsetzte Umgangssprache.

„Ich bin gespannt, wie es in Graubünden aufgenommen wird, dass ich hier statt des reinen Rätoromanisch die deutsch durchsetzte Alltagssprache beschrieben habe. Ich als Fremder fühle mich nicht befugt, den Rätoromanen bei der Bereinigung ihrer Sprache ein besserwisserischer Lehrer zu sein. Ich möchte lediglich das Verständnis für die Rätoromanen und ihre tatsächlich gesprochene Sprache fördern."

Impressum

Gereon Janzing
Rätoromanisch – Wort für Wort
erschienen im
Reise Know-How Verlag Peter Rump GmbH,
Osnabrücker Str. 79, 33649 Bielefeld

7. neu bearbeitete und verbesserte Auflage 2024

ISBN 978-3-8317-6589-8

Gestaltung und Bearbeitung: der Verlag
Kartografie: Thomas Buri
Fotos: Adobe Stock: Mor65_Mauro Piccardi (Cover), by paul (S. 15), Taljat (S. 80), Josef Zingg (S. 112), Jürgen Humbert (S. 170); Fotolia.com: Oliver Schneider (S. 87), Klaus Eppele (S. 128), Telezoomer (S. 170); Stephanie Blochwitz (S. 81), Gereon Janzing (S. 119, S. 126)
Druck und Bindung: mediaprint solutions GmbH, Paderborn

Bibliografische Information der Deutschen Nationalbibliothek
Die Deutsche Nationalbibliothek verzeichnet diese Publikation in der Deutschen Nationalbibliografie; detaillierte bibliografische Daten sind im Internet über http://dnb.dnb.de abrufbar.

Bildlegende der Kapitelstartseiten
Seite 15: Einblick in eine Alpsennerei – mehr als die Hälfte der landwirtschaftlichen Flächen Graubündens werden biologisch bewirtschaftet
Seite 81: Zweisprachige Wegweiser begleiten in der Surselva jeden Wanderweg
Seite 171: Der idyllische Crestasee, gelegen zwischen Trin und Flims, ist ein beliebtes Ausflugsziel, im Sommer mit Bootsverleih und Freibadbetrieb

Effektiver Sprachen lernen –

Aussprache trainieren

1. Für dieses Buch gibt es kostenlose Aussprachebeispiele zum Anhören.

Den QR-Code mit einem Smartphone scannen, um zu den zugehörigen Aussprachebeispielen zu kommen.
Alternativ kann man diese auch unter: www.reise-know-how.de/kauderwelsch/197 erreichen.

2. Unsere separat erhältlichen AusspracheTrainer bieten noch umfangreicheres Tonmaterial und ermöglichen so ein unkompliziertes Erlernen der neuen Sprache, auch unabhängig von den jeweiligen Kauderwelsch-Büchern.